SOCIOLOGIA SISTÊMICO-AUTOPOIÉTICA
DAS CONSTITUIÇÕES

Conselho Editorial
André Luís Callegari
Carlos Alberto Molinaro
Daniel Francisco Mitidiero
Darci Guimarães Ribeiro
Draiton Gonzaga de Souza
Elaine Harzheim Macedo
Eugênio Facchini Neto
Giovani Agostini Saavedra
Ingo Wolfgang Sarlet
Jose Luis Bolzan de Morais
José Maria Rosa Tesheiner
Leandro Paulsen
Lenio Luiz Streck
Paulo Antônio Caliendo Velloso da Silveira

Dados Internacionais de Catalogação na Publicação (CIP)

S399s Schwartz, Germano.
Sociologia sistêmico-autopoiética das constituições / Germano Schwartz, Jiří Přibáň, Leonel Severo Rocha. – Porto Alegre : Livraria do Advogado Editora, 2015.
159 p. ; 23 cm.
Inclui bibliografia.
ISBN 978-85-7348-974-3

1. Sociologia jurídica. 2. Constituições. 3. Autopoiese. 4. Direito constitucional - Filosofia. 5. Soberania. 6. Pluralismo (Direito). I. Přibáň, Jiří. II. Rocha, Leonel Severo. III. Título.

CDU 34:316
CDD 342.001

Índice para catálogo sistemático:
1. Sociologia jurídica   34:316

(Bibliotecária responsável: Sabrina Leal Araujo – CRB 10/1507)

Germano Schwartz
Jiří Přibáň
Leonel Severo Rocha

SOCIOLOGIA SISTÊMICO-AUTOPOIÉTICA DAS CONSTITUIÇÕES

Porto Alegre, 2015

©
Germano Schwartz
Jiří Přibáň
Leonel Severo Rocha
2015

Capa, projeto gráfico e diagramação
Livraria do Advogado Editora

Revisão
Rosane Marques Borba

Direitos desta edição reservados por
Livraria do Advogado Editora Ltda.
Rua Riachuelo, 1300
90010-273 Porto Alegre RS
Fone/fax: 0800-51-7522
editora@livrariadoadvogado.com.br
www.doadvogado.com.br

Impresso no Brasil / Printed in Brazil

Sumário

Apresentação..7

1. Duas visões sobre autopoiese e Constituições
GERMANO SCHWARTZ..9
  1.1. As Constituições em Luhmann...9
      1.1.1. (Re)observando a Constituição a partir do sistema social: da sociedade moderna a uma sociedade pós-moderna.........................9
      1.1.2. O risco como elemento de observação da Constituição: o abandono da segurança...13
      1.1.3. Uma opção para a observação da Constituição: a teoria dos sistemas sociais autopoiéticos...19
      1.1.4. Centro e periferia no sistema jurídico: a hierarquia da Constituição em xeque..20
      1.1.5. A função da Constituição em um sistema jurídico autopoiético..........26
  1.2. As Constituições em Teubner...34
  1.3. Considerações finais...42
  Referências bibliográficas..44

2. Soberania e pós-soberania: uma perspectiva a partir dos Sistemas Autopoiéticos
JIŘÍ PŘIBÁŇ..47
  2.1. Uma espécie de prelúdio europeu: sobre nações soberanas, nacionalismos constitucionais e os Estados-Nação da União Europeia........................51
  2.2. Soberania como parte da semântica política e constitucional europeia..........53
  2.3. Europeização e outros exemplos de mudanças estruturais da sociedade global..55
  2.4. As teorias da (pós) soberania e a globalização........................57
  2.5. Soberania e as éticas sedutoras da teoria crítica......................62
  2.6. Soberania como um outro "conceito contestado em sua essência"?..............64
  2.7. A evolução da soberania na política e no Direito modernos: uma breve reconceitualização histórica...66
  2.8. A autorreferência da soberania: repensar Foucault, relendo *Leviatã*..............69
  2.9. Um dilema da teoria social: a integração de valor, ou autorreferência?.........72
  2.10. A semântica autorreferencial da soberania.........................75

2.11. Considerações finais: a alternativa teórica dos sistemas sociais para os estudos de (pós)soberania..78

3. A questão da soberania no pluralismo jurídico global
JIŘÍ PŘIBÁŇ..83
3.1. Poder constituinte e soberania na sociedade global...................................84
3.2. O autoconstitucionalismo da sociedade global...86
3.3. O argumento pluralista em direção a uma compreensão sociológica da soberania globalizada e do constitucionalismo..90
3.4. A soberania nacional *versus* a pluralidade global: observações preliminares sobre o pluralismo social e jurídico..93
3.5. A globalização, o Estado soberano e o pluralismo do Direito transnacional...98
3.6. Existe um governo soberano para as constituições transnacionais? Um caso de pluralismo constitucional na União Europeia........................101
3.7. O Constitucionalismo europeu como *juristenrecht*...................................106
3.8. O pluralismo constitucional europeu de normas básicas.........................109
3.9. Um conto sobre dois pluralismos: o pluralismo jurisprudencial "fraco" do Direito oficial, sua crítica radical e a perspectiva sociológica......................112
3.10. Contrastando a sociedade de Direito oficial às comunidades de Direito Vivo..116
3.11. Do Direito Vivo ao pluralismo jurídico global: é Ehrlich quem ri por último?..118
3.12. A diferenciação funcional e o Direito Vivo da sociedade civil global.........122
3.13. O constitucionalismo social como uma teoria radical do pluralismo jurídico global pós-soberano(?)..125
3.14. A ausência de política e de vínculos civis do constitucionalismo social mundial..129
3.15. O fechamento operacional das constituições sociais por intermédio da semântica externa de civilidade(?)..132
3.16. Considerações finais: sobre o poder e o Estado constitucional na sociedade global...134

4. Tempo, Direito e Constituição
LEONEL SEVERO ROCHA...137
4.1. Introdução..137
4.2. Tempo: de Saussure ao normativismo..138
4.3. O tempo de François Ost..141
4.4. Matriz pragmático-sistêmica..143
4.5. O Direito como Sistema Autopoiético: imprevisibilidade, circularidade e paradoxos..145
4.6. Gestão temporal dos paradoxos da autorreferência..................................150
4.7. Acoplamento temporal entre o Sistema do Direito e o seu ambiente: a Constituição...152
4.8. Considerações finais..154
Bibliografia...156

Apresentação

Chegamos ao terceiro volume da série que vem se desenvolvendo a respeito das aplicações – e das implicações – de uma observação do sistema jurídico com base na Teoria dos Sistemas Sociais Autopoiéticos aplicada ao Direito (TSAD), de Niklas Luhmann. Estamos deveras contentes e satisfeitos. Por quê?

1) O tema, para além de polêmico, é de um grau de dificuldade alto, isto é, não é afeito para *easy readers*.
2) A defesa científica da aplicabilidade da TSAD no sistema jurídico – não raro – é tomada por contra-argumentos não científicos, e, portanto, ela passa a ser refutada (amaldiçoada) sem que possamos fazer o que pretendemos aqui (debatê-la em bases racionais).
3) A ideia de sempre trazer um renomado professor estrangeiro sobre a TSAD não é difícil porque, de fato, ela, a teoria, encontra um respaldo amplo nos quadros internacionais. O que é árduo, consiste no processo de tradução, de maturação e de coerência dos textos. Isso justifica o intervalo de, aproximadamente, cinco anos que levamos entre um livro e outro.
4) A Sociologia das Constituições constitui "assunto do momento" na sociologia jurídica, e seus expoentes, a maioria (brasileiros e estrangeiros), é proveniente da TSAD. O *Research Committee on Sociology of Law da International Sociological Association* (RCSL/ISA) recentemente fundou um *working group* com esse nome (*Sociology of Constitutions*), a demonstrar o fascínio que a temática vem exercendo sobre sociólogos do Direito mundo afora.
5) A contribuição do professor *Jiří Přibáň*, um tcheco radicado no País de Gales, docente da disciplina *Sociology of Constitutions* no afamado Mestrado em Sociologia Jurídica do Instituto

Internacional de Sociologia Jurídica de Oñati (País Vasco – Espanha). Ela, a contribuição em si, abrilhanta as páginas seguintes, quer por seu rigorismo acadêmico, quer por sua inovação (o que pode chocar, antevemos, parte da doutrina constitucionalista brasileira).

Há outras razões para termos esse orgulho profundo da obra sobre a qual os leitores (esperamos) se debruçarão. Elas não cabem, todavia, no pequeno espaço de apresentação de uma obra. Deixemos, pois, que o conteúdo, doravante, fale por si só.

São Leopoldo – País de Gales – Porto Alegre/Canoas/São Paulo.

Verão Brasileiro
Inverno Galês
2015.

1. Duas visões sobre autopoiese e Constituições

GERMANO SCHWARTZ

1.1. As Constituições em Luhmann[1]

Entender as Constituições pelo prisma da Teoria dos Sistemas Sociais Autopoiéticos Aplicada ao Direito (TSAD) significa que é indispensável observá-la a partir do que Luhmann escreveu a respeito. Faz-se isso nesse momento, para após, analisar as contribuições de Teubner à sociologia sistêmico-autopoiética das Constituições, fazendo-se um contraponto entre ambos os autores.

1.1.1. (Re)observando a Constituição a partir do sistema social: da sociedade moderna a uma sociedade pós-moderna

Um dos pressupostos do presente livro centra-se no fato de que a Constituição deve ser considerada como uma aquisição evolutiva da sociedade. Com isso, quer-se dizer que o surgimento dessa modalidade normativa é típico de uma sociedade tradicionalmente denominada de moderna. Assim, suas características centrais (supremacia, hierarquia e verticalidade) dizem respeito a uma sociedade que mantinha uma velocidade temporal compatível com tais elementos. No entanto, cumpre ressaltar que a sociedade contemporânea é outra, fruto, como já dito, de uma evolução funcional, e , também, sistêmica. Daí a necessidade de se perscrutar a validade no tempo da hierarquia da

---

[1] O presente texto foi originalmente publicado em SCHWARTZ, Germano. *O Tratamento Jurídico do Risco no Direito à Saúde*. Porto Alegre: Livraria do Advogado, 2004.

Constituição em um ordenamento jurídico, uma vez que a sociedade atual trabalha com outras ideias (circularidade, fluidez, redes, etc.)

É de se considerar, ainda, que as leis modernas (Constituição) eram feitas para durar um lapso temporal bastante longo, visto que a velocidade das mudanças na modernidade não era por demais acelerada. Dito de outra forma: o Direito era simples porque a sociedade também o era. Nessa linha de raciocínio, Arnaud[2] elenca as características do Direito moderno:

a) abstração;

b) subjetivismo;

c) universalismo;

d) unidade da razão;

e) axiomatização;

f) simplicidade;

g) dirigido à Sociedade Civil e ao Estado e

h) segurança.

Desde a década de 70 do século passado que esse Direito, com as características acima mencionadas, não mais responde aos problemas sociais, conforme anota De Giorgi.[3] Para o autor, os problemas do Direito da modernidade podem ser identificados em quatro tópicos:

1) problemas na unidade do Direito. Tanto a filosofia analítica quanto a hermenêutica voltaram-se unicamente para a questão linguística do Direito. A resposta de Luhmann, para isso, é que o Direito é a unidade da diferença entre seu ambiente e o entorno;

2) inexistência de variabilidade estrutural do Direito, uma vez que um sistema fechado pressupõe uma segurança que não permite sua variação[4] interna;

3) disso deriva o fato de que a desejada normatividade especificamente jurídica torna-se impossível, ante a necessária comunicação dos sistemas jurídicos com os demais sistemas componentes da sociedade. Como afirma Luhmann[5] a respeito:

---

[2] ARNAUD, André-Jean. *O Direito entre Modernidade e Globalização: lições de filosofia do Direito e do Estado*. Rio de Janeiro: Renovar, 1999, p. 203.

[3] DE GIORGI, Rafaelle. Luhmann e a Teoria Jurídica dos Anos 70. In: CAMPILONGO, Celso Fernandes. *O Direito na Sociedade Complexa*. São Paulo: Max Limonad, 2000, p. 183 *et. seq.*

[4] Com maiores detalhes a respeito, ver ROCHA, Leonel Severo. *Epistemologia Jurídica e Democracia*. São Leopoldo: UNISINOS, 1999. p. 89-100.

[5] LUHMANN, *A Posição dos Tribunais...*, 1990, p. 159.

Não se vê ou ao menos não se considera suficientemente o fato da comunicação acerca do Direito e da disposição sobre o Direito ocorrerem, na maioria das vezes, fora desse núcleo sistêmico organizado e profissionalmente competente, como se aqui estivessem em jogo apenas fatos que interessam ao Direito em situação de conflito e não nos outros casos.

4) Assim, resta uma abrupta separação entre Direito e Sociedade, que os desconecta e causa rupturas sensíveis entre as expectativas normativas e as decisões tomadas pelo sistema jurídico.

Pode-se aduzir que, diante das características do Direito da modernidade, torna-se grave que, em uma pretensa sociedade pós-moderna, se utilizem, ainda hoje, critérios modernos para problemas que lhes são posteriores. Problemas após o moderno. Problemas pós-modernos. Tais situações necessitam de um Direito conectado à Sociedade. Um Direito que seja não mais pré ou, muito menos, moderno, mas sim, um Direito pós-moderno. Um Direito para o futuro.

É nesse sentido que, para a pós-modernidade, a modernidade não se relaciona com nenhum acontecimento específico da história. É algo diferente.[6] Para o pensamento pós-moderno, a modernidade é uma constelação histórica, produzida de formas diversas em épocas diversas. É, também, uma chance histórica que a modernidade possui de abrandar sua intolerância racional em direção a uma solidariedade global. Nessa linha, recorda Bauman[7] que *a pós-modernidade é uma chance da modernidade. A tolerância é uma chance da pós-modernidade. A solidariedade é a chance da tolerância.*

A pós-modernidade deve ser analisada como uma série de transições que são próprias e estão afastadas dos diversos feixes institucionais da modernidade. Como lembra Leonel Severo Rocha,[8] a pós-modernidade não acentua a racionalidade ou o consenso. Muito menos a identidade. Acentua, todavia, a produção da diferença, da fragmentação, da singularidade. Acentua contingência e complexidade.[9] Logo, acentua risco.

Luhmann,[10] no entanto, assinala que aquilo que é intitulado como pós-modernidade possui uma outra grande característica: o não rom-

---

[6] GIDDENS, *As Conseqüências da Modernidade*, 1991, p. 52.

[7] BAUMAN, Zygmunt. *Modernidade e Ambivalência*. Rio de Janeiro: Jorge Zahar, 1999. p. 271.

[8] ROCHA, Leonel Severo. *O Direito na Forma de Sociedade...*, 2001, p. 127.

[9] Com maiores detalhes, ver LUHMANN, *Observaciones de la Modernidad*, 1997, p. 87.

[10] LUHMANN, Niklas. Entrevista Realizada no dia 7.12.1993, em Recife, PE. In: GUERRA FILHO, Willis Santiago. *Autopoiese do Direito na Sociedade Pós-Moderna*. Porto Alegre: Livraria do Advogado, 1997, p. 99.

pimento com o passado. Não se recusa totalmente o que já feito. Não se negam, por completo, as características da modernidade. Não há necessidade de uma dissidência. Avança-se recursivamente sobre ditas características para (re)criar um futuro aberto, de consciência de risco e de convivência com a incerteza. Morin[11] reflete que a incerteza, ou a perda da certeza do amanhã, decorre em dois tipos de reações:

1) o neofundamentalismo, que se fechou em si mesmo como forma de autoproteção e de tentativa de retorno ao passado e

2) o pós-modernismo, que vem a ser uma tomada de consciência, de que o novo não é superior ao que o precede. Não se podem negar direitos estabelecidos e consagrados durante os períodos históricos antecedentes (liberdade,mobilidade de camadas sociais...), mas, ao mesmo tempo, deve-se conviver com a imprevisibilidade a com a incerteza social. Ou, como lembra De Giorgi,[12] há que se conviver simultaneamente com *segurança e insegurança, determinação e indeterminação, instabilidade e estabilidade.*

Nesse sentido, pode-se dizer que a sociedade pós-moderna é uma sociedade composta de sistemas de diferenciação funcional própria que, a partir de sua própria recursividade, (re)cria formas sociais (e de Direito) novas. Isso significa dizer que do ponto de vista da unidade da sociedade pós-moderna, a diferenciação é dada pela função de cada sistema social, diferenciada, por sua vez, do sistema que a originou. Daí, decorre o entendimento de que o Direito é como um sistema autonomizado[13] (de segundo grau) do sistema social (de primeiro grau), operacionalmente enclausurado, mas a ele conectado por meio do entorno e pelos ruídos de fundo ali produzidos. A Constituição, portanto, deve ser entendida dentro desse contexto.

Muito embora não se aceite amplamente o termo *pós-moderno*, visto que tal conceito não comporta um conceito, podem-se atribuir ao Direito desta época algumas características,[14] como:

1) visão pragmática dos conflitos;

2) descentramento do sujeito;

---

[11] MORIN, Edgar. Por uma Reforma do Pensamento. In: PENA-VEGA, Alfredo; NASCIMENTO. Elimar Pinheiro do. *O Pensar Complexo: Edgar Morin e a crise da modernidade.* Rio de Janeiro: Garamond, 1999. p. 12.

[12] DE GIORGI, *Direito, Democracia e Risco...*, 1998, p. 192.

[13] Em especial, ver TEUBNER, Gunther. *Droit et Réflexivité: l'auto-référence en droit et dans l'organisation.* Bruilant: Belgique ; L.G.D.J.: Paris, 1996.

[14] Cf. ARNAUD, *O Direito entre Modernidade e Globalização...*, 1999, p. 203.

3) relativismo;
4) pluralidade das racionalidades;
5) lógicas estilhaçadas;
6) complexidade;
7) retorno da Sociedade Civil;
8) risco.

Nota-se que as características desse Direito pós-moderno divergem radicalmente das características do que se convencionou chamar Direito moderno. Onde antes havia simplicidade, hoje existe complexidade. Onde outrora havia perigo, há risco. Resta cristalino, portanto, que os critérios a serem utilizados para problemas jurídicos pós-modernos (soberania da Constituição, por exemplo) devem ser critérios aptos à nova realidade – realidade complexa e de risco, de uma sociedade com enorme rapidez na (re)produção dos eventos sociais (comunicação).

1.1.2. O risco como elemento de observação da Constituição: o abandono da segurança

Do exposto a respeito da discussão entre a divisão modernidade e pós-modernidade, existe apenas uma certa aproximação entre os doutrinadores no sentido de se admitir que a sociedade contemporânea tem como característica maior o risco e a incerteza, no que se diferencia da sociedade moderna, que primava pelo perigo e pela certeza. Sob esse aspecto, opta-se por referir que a sociedade contemporânea deve ser observada através da variável risco.

Em um primeiro momento, fica claro que a ideia do risco e da incerteza aumentam a complexidade. No entanto, essa não é uma impossibilidade de desvelamento do futuro. Ao contrário. É condição essencial para o desenvolvimento dos sistemas sociais, e, logo, da Constituição. Num outro lado, há o fato de a busca etimológica do conceito de risco ser algo bastante recente. Como narra Giddens,[15] a Idade Média desconhecia até mesmo a palavra *risco*. Sua origem remonta ao século XVII e está ligada a raízes portuguesas e/ou espanholas, sendo usada para designar a cartografia de águas que jamais haviam sido navegadas. Logo após,[16] passa a ser utilizada para em-

---

[15] GIDDENS, Anthony. *Mundo em Descontrole: o que a globalização está fazendo de nós*. Rio de Janeiro: Record, 2002. p.32.

[16] LUHMANNN, Niklas. *Sociología del Riesgo*. México: Triana Editores, 1998, p. 43.

préstimos bancários, naquelas transações em que se avaliava a possibilidade de alguém contrair empréstimo.

Em verdade, as culturas tradicionais não conheciam a palavra *risco* porque não necessitavam de uma designação para algo que não ocorria.[17] Havia o perigo, porém os atores que proporcionavam o perigo eram conhecidos e facilmente identificáveis, o que tornava bastante simples a dinâmica social. Via de consequência, o Direito seguia na mesma esteira, preparado para responder a uma realidade social estática e simplista.

Ost[18] identifica três formas históricas do conceito de risco:

1) Em uma primeira fase, a sociedade liberal do século XIX trata o risco como acidente, algo impossível de se prever, individual, repentino e ligado a elementos exteriores. Nesse tipo de concepção, o máximo a fazer era demonstrar algum tipo de previdência, mediante a contratação de algum tipo de seguro. A essa ideia de risco-acidente segue-se a noção de uma reação, nas palavras do autor,[19] curativo-retroativa, que encontra similaridade na noção de saúde "curativa", desenvolvida nessa mesma época;

2) Em um segundo momento, o risco passa a ser conectado com a noção de prevenção. Aqui, a sociedade passa a ser dona de si mesma em todos os aspectos da vida cotidiana,[20] mediante o pretendido controle do risco através das técnicas científicas. Essa modalidade de constatação do risco também encontra paralelo na noção de saúde "preventiva", posteriormente desenvolvida pelo sistema liberal como forma de barateamento dos custos de manutenção do trabalhador. No entanto, nota-se que a única distinção feita entre a noção curativo/preventiva reside no tempo de constatação da doença. O primeiro atua "após", enquanto o segundo, atua "antes";

---

[17] LUHMANNN, *Sociología del Riesgo*, p. 42: "En las grandes culturas antiguas se desarrollaron técnicas mui diversas para hacer frente a problemas análogos, sin que existiera, en consecuencia, ninguna necesidad de acuñar una palabra para lo que en la actualidad entendemos por riesgo".

[18] OST, François. *O Tempo do Direito*. Lisboa: Piaget, 1999. p. 343-347.

[19] Idem, 1999, p. 344

[20] Idem: "No despontar do século XX, no momento em que se lançam as bases do Estado Social e da sociedade assistencial, a utopia científica e técnica de uma sociedade dona de si mesmo confirma-se em todos os aspectos: 'prevenção das doenças (com a descoberta efectuada por Pasteur), escreve F. Ewald, prevenção dos crimes (com a política de defesa social, prevenção dos acidentes (com as seguranças sociais)'".

3) A terceira fase refere-se à atual, em que o risco assume proporções antes nunca vistas, frustrando as capacidades preventivas e de domínio, minando a pretendida racionalidade humana. O homem, de certa forma, fica relegado a um segundo plano quando contraposto à insegurança moderna, afetando, assim, sua apreensão do futuro. Nesse sentido, não existe um paralelismo entre noções de saúde ligadas ao risco, exceto a propalada qualidade de vida, que tem como grande contribuição o fato de se pensar a saúde como promoção, relegando a concepção de que saúde é unicamente ausência ou prevenção de doenças. Mesmo tal expressão, todavia, resta desconectada do risco, visto que não o apreende dentro de si e ainda fica isolada do aspecto decisional/temporal que o risco carrega consigo, sem falar que, exatamente, por esse motivo último, não desenvolve suficientemente uma necessária visão de precaução sanitária.

Por outro lado, perigo e risco são realidades diferenciadas. Por exemplo: não se pode falar de risco quando existe a certeza de um resultado 100% certo. Uma piada referida por Giddens[21] ilustra bem a situação. Nela, um homem salta de um arranha-céu, de mais ou menos cem andares. Durante sua queda, as pessoas que se encontram dentro do prédio ouvem ele dizer que, por enquanto, "está tudo bem". Ele age como se estivesse um cálculo de risco. Mas, faticamente, o resultado já está determinado.

No referido exemplo, pode-se referir que existe uma inseguridade com o dano futuro. Mas, a distinção entre perigo e risco parte desta mesma insegurança. Se o futuro dano é consequência de decisão, está-se diante do risco. Por outro lado, se se julga que o dano posterior é provocado externamente, ocorre o perigo. Essa é a lição de Luhmann:[22]

> Puede considerarse que el posible daño es una consecuencia de la decisión, y entonces hablamos de riesgo y, más precisamente, del riesgo de la decisión. O bien se juzga que el posible daño es provocado externamente, es decir, se le atribuye al medio ambiente; y en este caso, hablamos de peligro.

Sob a ótica dos sistemas sociais, o risco deve ser tratado como um fenômeno da contingência advinda da complexidade da sociedade contemporânea. Ele pode ser caracterizado com unidade de distinção entre o que foi decidido e o que não foi decidido. Ou, o que poderia ter sido decidido. O risco é uma unidade de distinção que possibilita a

---

[21] GIDDENS, *Mundo em Descontrole...*, 2002, p. 33.
[22] LUHMANN, *Sociología del Riesgo*, 1998, p. 65.

diversos observadores percepções diferenciadas a respeito do mesmo objeto observado.

A percepção do risco é parte essencial para a compreensão do risco em si. Toda decisão tem, ínsita, a possibilidade de um dano, seja ele futuro, presente ou retroativo. O dano está ligado ao risco. Porém, este dano é contingente. E, mais, para que haja a percepção do risco, é necessário que sejam fornecidos ao observador de segunda ordem aspectos de distinção baseados em possibilidades equivalentes funcionais que lhe permitam verificar o limite entre ambas as possibilidades.

Uma grande parcela dos estudiosos do risco prefere colocá-lo como oposto à noção de seguridade. Essa posição parte da suposição de que exista a possibilidade de se escolher entre uma situação de risco e uma situação de seguridade. Optando-se por esta última, haveria uma hipótese em que não existiria possibilidade alguma de um dano. Mas essa distinção continua sendo contingente. Não existe segurança em dizer que a oportunidade perdida não era a escolha segura e, muito menos, asseverar que a opção eleita resta infensa da probabilidade do dano.[23] O risco está ligado à insegurança,[24] característica da sociedade contemporânea, e dele não se separa, devendo, no entanto, ser enfrentado, sob pena de retrocesso social.

Nessa linha, Beck[25] assevera que, nessa sociedade (contemporânea e de risco), o estado de urgência tende a tornar-se o estado normal, visto que a inovação e o desenvolvimento não podem ser barrados, mas devem ser trazidos a níveis de confiança, abstratos mínimos, o suficiente para que se relativize a indeterminação. Ainda, para o mesmo autor,[26] se a noção de risco se prolifera, os riscos também se proliferam, referindo que a globalização dos circuitos econômicos, a intensificação dos intercâmbios comerciais e o progresso dos meios de transporte contribuem sobremaneira para a dita proliferação,

---

[23] Exemplifica LUHMANN, *Sociología del Riesgo*, 1998, p. 64-65: "Ciertamente podemos renunciar por completo a orientarnos de acuerdo a decisiones que encierran un cierto riesgo; por ejemplo, en el contexto de una empresa primariamente religiosa o de algún modo *fanática*. Pero si considerarmos riesgos, entonces toda variante de un repertorio decisional – y por lo tanto, la alternativa en su totalidad – se vuelve riesgosa, sin importar que se trate tan solo del riesgo de no percibir oportunidades reconocibles que posiblemente hubieran sido ventajosas".

[24] DE GIORGI, *Direito, Democracia e Risco...*, 1998, p. 182: "O risco está ligado à incerteza que caracteriza o futuro dos indivíduos, quer se trate daqueles que o observam a si mesmos, ou de um observador externo, como um sistema social".

[25] Cf. BECK. Ulrich. *La sociedad del Riesgo: hacia una nueva modernidad*. Barcelona: Paidós, 2001, p. 79.

[26] Ibidem, p. 45.

mesmo que ela ocorra de forma oculta ou imperceptível. Inexiste, pois, a possibilidade de risco zero.[27] Nesse intermédio, a equivalência funcional do risco parece ser mais acertada quando pensada a partir da contraposição ao perigo. A variante perigo passa a ser o elemento de reflexão do binômio, enquanto a noção de risco é enfrentada como a complexidade inerente à sociedade contemporânea e que deve ser enfrentada mediante processos decisórios, no que concorda Ost,[28] conjuntamente com outros autores:

Luhmann e Beck, dois teóricos da sociedade do risco convergem neste ponto: enquanto que o "perigo" vem de alguma forma do exterior, o "risco" é um produto derivado, um efeito perverso ou secundário (na acepção dos "efeitos secundários" indesejáveis dos medicamentos) das nossas próprias decisões. A sociedade der isco é pois uma sociedade que se põe ela própria em perigo: basta pensar no risco sanitário (sangue contaminado), no risco alimentar (doença da "vaca louca")...

Nessa dinâmica, não se abandona a noção de seguridade. Ela segue possuindo particular relevância, seja por aversão ao risco, seja por medo do perigo. Mas ela não é delimitável. Para que se consiga compreender o risco como decisão contingente que abre um leque de possibilidades destinados ao futuro, é necessário que o observador tenha possibilidade de eleger a opção de menor risco. E isso somente é possível quando perscrutado sob a ótica do oposto, do marco de reflexão, do ponto de transição entre o que se denominou sociedade moderna e aquela que o sucedeu: o perigo. Se, outrora, as decisões eram tomadas com base no conhecimento do perigo, hoje, elas o tem como ponto reflexivo, de partida, de uma decisão que supõe que inexistem condutas livres do risco.[29] É, dessa forma, que *los riesgos constituyen aspectos de la observación de las decisiones, incluyendo la observación que hace quien decide (autobservación).*[30]

Não obstante, o risco, dentro da teoria dos sistemas sociais, deve ser compreendido como elemento que irrita o sistema social e seus subsistemas. Tal ocorrência, faz com que os mesmos reajam a fim de

---

[27] Afirma categoricamente PERETTI-WATEL, Patrick. *La Societé du Risque.* Paris: La Découverte, 2001, p. 16: "Le risque zéro n'existe pas".

[28] OST, *O Tempo do Direito*, 1999, p. 345.

[29] Existem exceções, todavia, como a morte. Daí que "no existe, em sentido estricto, um riesgo de muerte, sino unicamente el riesgo de um acortamiento del tiempo de vida. Quien considera que la "vida" es el bíen supremo haría bien en decir: "una larga vida". LUHMANN, *Sistemas Sociales...*, 1998, nota de rodapé 58, p. 72.

[30] Ibidem, p. 151.

estabilizarem estruturas de expectativas e, em consequência, fornecerem variantes mais cristalinas para as decisões. Dito de outra maneira: o risco é elemento intrínseco à Constituição. Dessa forma, a segurança jurídica dada pela supremacia hierárquico-constitucional não é fato na sociedade contemporânea.

A Constituição pode ser vista por este prima, como um programa que tem por objetivo estabilizar internamente as expectativas normativas e ao risco que o princípio do livre convencimento do juiz traz ínsito consigo, afinal, a decisão judicial baseia-se unicamente em uma distinção contraditória entre os argumentos de ambas as partes. A Carta Magna passa a ser vista como o meio pelo qual se reduz e se traz a níveis aceitáveis a indeterminação decisória de um processo judicial que, possui imanente a consequência danosa a algum dos postulantes.

A aceitação do risco como parte imanente da estrutura do sistema social é elemento essencial para uma sociedade inovadora, afinal, como assinala Giddens:[31] *o risco é a dinâmica mobilizadora de uma sociedade propensa à mudança, que deseja determinar seu próprio futuro em vez de confiá-lo à religião, à tradição ou aos caprichos da natureza.*

Por outro lado, sob a ótica da distinção, o risco pode, paradoxalmente, trazer menos perigo, assim como a instabilidade pode trazer mais estabilidade. Daí que sua aceitação se torna uma referência fundamental, pois, como diz De Giorgi,[32] o risco distribui os *goods*, e não os *bads*, uma vez que sua aceitabilidade se baseia na suportabilidade da distribuição deste risco no futuro – mesmo que esta orientação para o futuro distribua mais risco no próprio futuro. Tem-se, pois, uma consciência do risco como risco. Essa consciência tem como consequência a confiança em ações arriscadas.

Portanto, ao se (re)pensar a Constituição, há que se reportar que vivemos em uma sociedade complexa. Logo, contingente. Daí que a estruturação da sociedade como sistema autopoiético, por meio de sua dinâmica hermético-recursiva e, também, de suas expectativas decisórias, assume particular relevo na redução de dita complexidade (sanitário-jurídica), mesmo que contenha em si a probabilidade de dano. A apreensão do risco como parte do processo decisório não estanca o avanço constitucional. Ao contrário, auxilia o enfrentamento de sua hipercomplexidade como percepção apreensiva de futuro.

---

[31] GIDDENS, *Mundo em Descontrole...*, 2002, p. 34.

[32] DE GIORGI, *Direito, Democracia e Risco...*, 1998, p. 198.

1.1.3. Uma opção para a observação da Constituição: a teoria dos sistemas sociais autopoiéticos

A tentativa luhmanniana da elaboração de uma superteoria social possibilita uma nova mirada a respeito da, em linguagem *autopo(i)ética*, interpenetração entre os subsistemas sociais diferenciados. É a tentativa da humanização, da persecução da vida *(bio)*, que torna o resgate da noção da *poiesis* da biologia[33] para os sistemas sociais, algo valioso para o intento de uma melhor descrição da Constituição.

Nesse sentido, como relembra Clam,[34] a autopoiese não é algo que nasce do nada e que acaba em si mesma. É, ao contrário, um processo de coligação entre as estruturas e os acontecimentos, transmudando-se em uma continuação temporal dos programas e particularidades específicas de cada subsistema. Uma verdadeira autofundação factual, dirigida à diminuição entre o tempo dos sistemas sociais e o tempo do sistema social em si.

A ideia básica de um sistema social autopoiético parte do pressuposto de que um sistema é capaz de se autorreproduzir por intermédio de seus próprios elementos em uma lógica recursiva. Assim sendo, o fato de os sistemas serem, ao mesmo tempo, autônomos e independentes, depende, basicamente, dos elementos componentes do sistema. Lembra Nicola[35] que um sistema autopoiético *é autônomo porque a produção de novos elementos depende das operações precedentes e constitui pressupostos para as operações posteriores*.

É a autorreferência. A referência é dada pela observação sobre a distinção, ao passo que a "auto" está voltada para o fato de que a operação resulta incluída naquilo que a designa.[36] Dessa premissa decorre

---

[33] Muito embora deveras sabido, não se incorre em tautologismos, por necessidade de uma recuperação maiêutica da autopoiese, relembrar que é do ramo do saber biológico que a ideia da autocriação é transplantada para o sistema social. São Varela e Maturana, biólogos chilenos, os autores da autopoiese conforme concebida em sua concepção inicial (vide, para tanto, MATURANA, Humberto R; VARELA, Francisco J. *A Árvore do Conhecimento: as bases biológicas da compreensão humana*. São Paulo: Palas Athena, 2001, ou, dos mesmos autores, *De Máquinas e Seres Vivos: Autopoiese – a Organização do Vivo*. São Paulo: Palas Athena 1997).

[34] Para maiores detalhes, veja-se CLAM, Jean. A Autopoiese no Direito. In: ——; ROCHA, L.S; SCHWARTZ, G. A. D. *Introdução à Teoria do Sistema Autopoiético do Direito*. Porto Alegre: Livraria do Advogado, 2005. p. 103.

[35] NICOLA, Daniela Ribeiro Mendes. Estrutura e Função do Direito na Teoria da Sociedade de Luhmann. In: ROCHA, Leonel Severo (Org.). *Paradoxos da Auto-Observação: percursos da teoria jurídica contemporânea*. Curitiba: JM Editora, 1997, p. 228

[36] NICOLA, *Estrutura e Função...*, 1997, p. 225.

que a clausura operativa de um sistema social autopoiético é o que possibilita, justamente, sua abertura cognitiva.[37]

Quando se pensa em um sistema autopoiético do Direito, torna-se necessário, pois, referir que tipos de operações caracterizam sua unidade. Essa diferenciação possibilita a cada subsistema tornar-se ambiente para os demais subsistemas. Com isso, resta diminuída a complexidade inerente aos sistemas sociais, tornando-se factível uma análise conjugada com a realidade de paradoxos.

Exsurge, nesse contexto, a importância da observação. Nessa lógica, a grande contribuição de Luhmann reside na proposição de que a única realidade é a realidade das observações, ou, em outras palavras, a pergunta sobre o que é real somente é possível porque existe um observador que a faça, e o "real" somente existirá enquanto observação.

É, portanto, por intermédio da teoria dos sistemas que se amplia o observável, uma vez que a tomada de análise das funções equivalentes aos problemas do sistema deve ser estabelecida mediante uma diferenciação (confrontação) entre sistema e ambiente, a ser feita pela figura do observador. Ainda, a teoria dos sistemas sociais de Luhmann permite compreender a totalidade da sociedade, porém não indica como tais elementos devem ser (dever-ser jurídico kelseniano). Apenas procura compreender e descrevê-los a partir de um instrumental teórico poderoso, mas que não esgota o social e não pretende dar a observação última.

1.1.4. Centro e periferia no sistema jurídico: a hierarquia da Constituição em xeque

Dentro dos pressupostos da abordagem de uma teoria dos sistemas sociais autopoiéticos aplicada ao Direito (Constituição), deve-se perquirir sob que formas distintivas o sistema jurídico forma sua dinâmica interna própria e, ao mesmo tempo, coloca-se em abertura cognitiva com o ambiente nos quais os ruídos comunicativos circulam advindos dos demais subsistemas sociais. Com isso, após, será possível verificar o papel da Constituição observada por esse instrumental teórico.

---

[37] Consulte-se, a respeito, LUHMANN, Niklas. *Das Recht der Gesellschaft*. Frankfurt: Surkhampf, 1995, p. 38-54.

Nesse sentido, a diferenciação entre legislação e jurisdição é fundamental para a distinção e diferenciação interna dos casos justiciáveis que chegam à análise do Poder Judiciário. É dizer: a dicotomia legislação/jurisdição é um pressuposto para a decisão a ser dada no caso concreto.[38]

A consequência dessa diferenciação se faz notar na organização do sistema jurídico e nas funções ocupadas pelas estruturas componentes de sua autorreferência interna. Passa-se de uma noção hierárquica, advinda de uma base kelseniana, para uma circularidade interdependente, como defende Teubner.[39] Nessa nova concepção, a distinção centro/periferia é pressuposto da necessária diferenciação que dá unidade ao sistema jurídico.

Dentro dessa ideia, o binômio legislação/jurisdição é observado com base na diferenciação interna entre o centro e a periferia do sistema jurídico. Para Luhmann,[40] a centralidade é ocupada pela jurisdição, que interliga os tribunais e suas decisões. A posição central dos tribunais é determinada dessa maneira porque somente os Tribunais têm o condão de proferir decisão com *enforcing power* final.[41] Logo, se o sistema jurídico tem a função de decidir, aquela estrutura que pode dar uma decisão final aloja-se em seu centro. Dessa maneira, há uma hierarquização central, mas não no resto do sistema, que é circular. Com isso, as decisões dos tribunais se irradiam perante todo o sistema, alimentando e reprocessando a periferia, ao mesmo tempo em que ela influencia e irrita as decisões dos tribunais.

De outra banda, assinala-se que a jurisdição também tem um papel político. Esse papel é paradoxal, pois reside na manutenção da diferença entre o sistema jurídico e o sistema político, ou seja, na diferenciação funcional seletiva e decisória entre ambos os sistemas. Dito de outra forma: a função política da jurisdição é apolítica. A respeito, assevera Luhmann:[42]

---

[38] Nesse sentido, assinala LUHMANN, *A Posição dos Tribunais...*, 1990, p. 148: "A posição dos tribunais no sistema jurídico é determinada preponderantemente pela distinção entre legislação e jurisdição".

[39] Ver em especial TEUBNER, Gunther. *Diritto Policontesturale...*, 1999. p. 71-112.

[40] LUHMANN, *A Posição dos Tribunais...*, 1990, p. 165

[41] Por exemplo: no sistema econômico, que tem como função o lucro, somente o banco poderá ocupar a função central, visto que é de sua exclusividade a redistribuição do lucro.

[42] LUHMANN, Niklas. *Stato di Diritto e Sistema Sociale*. Introduzione all'edizione italiana di Alberto Febbrajo. Napoli: Guida Editori, 1990. p. 59.

La funzione politica della giurisdizione si fonda quindi, per dirla in modo paradossale, sulla sua neutralizzazione politica, intendendo l'aggettivo "politica" dapprima in senso lato, e successivamente nel senso stretto della politica dei partiti. Il paradosso scompare se si prendi in considerazione la differenziazione del sistema politico; appare quindi ovvio definire la funzione politica della girusdizione come mantenimento di questo sistema differenziato di selezione e di attività decisionale.

Nessa lógica, *a distinción en términos de centro/periferia ocurre como resultado de la diferenciación del centro. El centro es mucho más dependiente que la periferia de esta forma de diferenciación.*[43] A periferia (legislação) tem condições de experimentar novas diferenciações mediante contato com o centro. No entanto, no centro, produzem-se diferenciações mais importantes do que aquelas ocorridas na periferia. Dessa forma, por exemplo, a consequência imediata de uma decisão proferida por um tribunal para concessão de remédios é maior do que a feitura de uma lei, atuante no caso em tese e de forma abstrata. Decidir é ação. Decidir é dar ação ao Direito e, portanto, a jurisdição tem papel fundamental na diferenciação do sistema jurídico.[44]

A legislação, por seu turno, é a membrana do sistema jurídico, o ponto onde há a abertura cognitiva e pelo meio do qual se mantém a unidade interna, situando-se em sua periferia como verdadeiro *borderline* entre o sistema jurídico e o sistema político, visto que é produzido pelo último, mas decidido pelo primeiro, em sua lógica codificada própria. Como ponto fronteiriço do sistema, a legislação, conforme Luhmann,[45] responde à irritação do entorno mediante regras genericamente válidas, positivando expectativas de expectativas. Como ato político, a promulgação de uma lei no âmbito jurídico torna-se um mecanismo de compensação da desarmonia temporal do direito em relação à sociedade. O programador (legislador) reage e dá ao decisor (tribunal e juízes) elementos suficientes para que se possa, mediante a contrafaticidade normativa, regular o tempo. Exemplificando, pode-se ilustrar o sistema jurídico da seguinte maneira:

---

[43] MANSILLA, Darío. *Metapolítica*, p. 45-46.
[44] Cf. LUHMANN, *Stato di Diritto e Sistema Sociale*, 1990. p. 58.
[45] LUHMANN, *A Posição dos Tribunais...*, 1990, p. 165

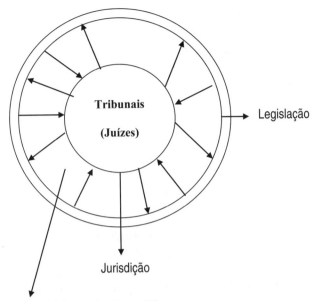

Circularidade Decisional (Norma-Ato-Norma)[46]

Baseando-se no gráfico, pode-se deduzir o papel de outro importante elemento da organização do sistema jurídico: a jurisprudência. Canaris[47] já defendia a essencialidade da jurisprudência em uma concepção de Direito como sistema, apontando-a como a única parte circular do processo. Entretanto, para que se compreenda o papel da jurisprudência, torna-se necessário analisar o papel da legislação, pois ambas estão interligadas, tanto que, para Luhmann,[48] o objeto da jurisprudência é a aplicação do Direito por intermédio das decisões aplicadas aos casos particulares.

Com isso, ocupa a legislação parte indissociável da jurisprudência, constituindo-se em elemento recíproco de autoalimentação das decisões judiciais (jurisprudência). Dessa forma, mesmo que inovadora, a jurisprudência baseia-se, no Direito, isto é, na legislação (*feedback*). Ainda que contra a lei, a decisão deve nela se basear (paradoxo) para que seja considerada válida, sob pena de extrapolação da função sistêmica do Direito.

---

[46] Utiliza-se aqui a noção de Teubner para demonstrar o que ele mesmo denomina de "dança sem fim" da autorreferencialidade jurídica. Para maiores detalhes ver TEUBNER, *Evolution of autopoietic law*, 1988.

[47] CANARIS, Claus-Wilhelm. *El Sistema en la Jurisprudencia*. Madrid: Fundación Cultural del Notariado, 1998. p. 175.

[48] LUHMANN, Niklas. *El Derecho de la Sociedad*. Madrid: Iberoamericana, 2000. p. 244.

Por outro lado, como já referido, a distinção entre legislação e jurisprudência importa na posição dos tribunais no sistema jurídico. Na interface de comunicações entre o sistema jurídico – onde se encontram os tribunais – e o sistema político (local do Poder Legislativo), é que surge a função decisional dos tribunais: central e circular. Desse modo, as decisões jurídicas não possuem um único ponto de vista, o que confere ao sistema autopoiético do Direito as seguintes características apontadas por Luhmann:[49]

1) O fundamento de vigência do sistema jurídico ainda é a Constituição, mas vista sob outro ponto de vista: o da escala decisional última. Logo, os Tribunais só são competentes para decidir se agem de acordo e em conformidade com a Constituição;

2) A vigência do Direito é ampliada, não se restringindo unicamente à legislação. No sistema *Common Law*, os precedentes ocupam lugar de destaque. Já no sistema romano-germânico, a jurisprudência, como explicitado, possui necessário *feedback* com a legislação;

3) Os Tribunais não fazem parte do sistema político, devendo se orientar por critérios jurídicos (Direito/Não-Direito). Dessa maneira, via de regra, os Tribunais não podem ser responsabilizados por suas decisões e, por isso, podem transformar o Direito autoconstitutivamente;

4) Com isso, os Tribunais não se apoiam única e exclusivamente no Direito vigente[50] (ao mesmo tempo em que devem afirmá-lo),[51] reconhecendo pontos em que se devem utilizar critérios positivados pelo Direito, mas que, em verdade, não são jurídicos, como é o caso do art. 4 da Lei de Introdução ao Código Civil brasileiro. Logo, inexistem lacunas, mas sim, *problemas de decisão não regulamentadas por lei*;[52]

---

[49] Cf. LUHMANN, A Posição dos Tribunais..., 1990, p. 151.

[50] A respeito, recorda LUHMANN, El Derecho de la Sociedad, 2000, p. 250: "Los Tribunales no se pueden apoyar en el derecho vigente, incuestionable, sino que deben crear, postular y presuponer ese derecho sin que lleguen a garantizar que mas allá de la fuerza jurídica de la decisión del caso la decisión se válida en calidad de programa".

[51] Dessa maneira, quanto mais complexa a sociedade, "quanto maiores as dúvidas, conflitos e discrepâncias sobre as normas, maiores também as exigências de que os tribunais operem desconsiderando variáveis do tipo governo/oposição, rico/pobre, autoridade/cidadão. Estabiliza-se, ao mesmo tempo, um tratamento às desilusões de expectativas restrito à variável legal/ilegal.". CAMPILONGO, *O Direito na Sociedade Complexa*, 2000, p. 99.

[52] LUHMANN, *A Posição dos Tribunais*..., 1990, p. 161.

5) Os contratos repousam em fundamentos não contratuais (paradoxo), mas os Tribunais os reconhecem como lei válida para as partes contratantes. Com isso, o privado passa a ser conceito jurídico e, portanto, objeto de análise pelos métodos próprios do sistema do Direito;

6) A Constituição se torna o lugar por excelência de ocorrência do acoplamento estrutural entre o sistema jurídico e os demais subsistemas funcionalmente diferenciados da sociedade.

Nessa linha de raciocínio, cada Tribunal possui uma especificidade própria dada por sua competência decisória[53] em casos justiciáveis, ou seja, casos que possam ser abarcados pelo código Direito/Não Direito. Ainda, os Tribunais podem ser vistos como um subsistema parcial do sistema jurídico. Quando o Direito se bifurca internamente em legislação/jurisprudência, há uma unidade distintiva que diferencia seu interior de forma recursiva. Isso assume particular relevo porque o problema não reside nessa diferenciação, mas sim, no sistema que já resta diferenciado e que reage à sua autorreferencialidade.

Seguindo, tem-se que as decisões dos tribunais são centrais no sistema jurídico, conforme demonstrado. É preciso atentar novamente para o fato de que uma decisão é algo complexo, visto que pressupõe alternativas várias de escolha ante a possibilidade do reconhecimento da diferença. E é a diferença que constitui a alternativa[54] e que pode reorientar a jurisprudência dominante em um Tribunal, reconstruindo o Direito, mesmo que haja um paradoxo da transformação da coerção em liberdade,[55] pois quem se vê coagido por uma decisão judicial pode garantir liberdade com base em uma coercitividade anterior.

De outra banda, essa estrutura anti-hierárquica é uma nova forma de percepção daquele que deposita uma expectativa em torno de uma decisão judicial. Pode-se, inclusive, dizer que é uma nova forma de liberdade política, como assevera Luhmann:[56]

---

[53] No caso brasileiro, por exemplo, a hierarquia dos tribunais tem em seu topo o Supremo Tribunal Federal, pois é ele o guardião precípuo da Constituição Federal, podendo as decisões de todos os tribunais inferiores serem revistas por ele mediante recurso e também porque é o último momento decisional, o último grau de jurisdição. Após, segue-se o Superior Tribunal de Justiça para a Justiça Comum e os Tribunais Superiores para a Justiça Especial (Justiça Militar, Justiça Eleitoral e Justiça do Trabalho), restando, na última linha hierárquica, os tribunais de segundo grau (Tribunal de Justiça, Tribunal Regional Federal, Tribunal de Justiça Militar e Tribunal Regional do Trabalho).

[54] Cf LUHMANN, *El Derecho de la Sociedad*, 2000, p. 245.

[55] LUHMANN, *A Posição dos Tribunais...*, 1990, p. 163.

[56] LUHMANN, *Stato di Diritto e Sistema Sociale*, 1990. p. 56.

La struttura antigerarchica: non c'è piu alcun univoco *sopra o sotto*, ma più forze parallelle, giuridicamente equivalenti. Ciò significa, al tempo stesso, uma nuova forma di libertà política garantita dal fatto che non esiste più per il cittadino *un* rapporto autoritàsuddito, ma *piú* rapporti di comunicazione com le forze politiche, che possono essere differenziati nella separazione di diritti e doveri senza che sia pregiudicata la capacita di prendere decisioni.

Recorde-se, todavia, que todas essas novas possibilidades, tornadas realizáveis pela unidade distintiva enclausurada do sistema jurídico, baseiam-se na circularidade entre decisão e legislação, cabendo, portanto, verificar-se a função da Constituição (Lei) na autorreferência do Direito.

1.1.5. *A função da Constituição em um sistema jurídico autopoiético*

A lei, sob o ponto de vista da transformação da política em Direito e também como ponto de diferenciação entre esses subsistemas, tem tomado para si a função de compensar a temporalidade da sociedade em seu conjunto.[57] Daí decorre a necessidade de o programador (legislador) dar respostas mais rápidas e eficientes para a inevitável comunicação dos sistemas sociais, de forma a permitir o acoplamento entre o tempo da sociedade ao tempo do Direito.

Uma das principais formas de proteção às expectativas normativas é aquela fornecida pela Constituição, pois esse diploma, em sua versão clássica, seria o topo último de hierarquia do ordenamento jurídico. Dessa forma, inexistiria garantia maior à unidade hierárquica do sistema jurídico. No entanto, essa é uma não realidade no mundo contemporâneo, especialmente em países periféricos, como é o caso do Brasil.

A ideia da Constituição como elemento pertencente única e exclusivamente ao sistema jurídico somente pode ser vista a partir de uma ideia sistêmico-autopoiética, ou seja, ela só surge quando se exclui a concepção da unidade entre Direito e Política, que vigorava nos séculos XVIII e XIX, posteriormente rechaçada por Kelsen.[58] A Constituição somente pode ser compreendida a partir da diferenciação funcional entre o sistema político e o sistema jurídico,[59] visto que se

---

[57] Cf. LUHMANN, *Poder, Política y Derecho*, 2001, p.30.

[58] Nesse sentido ver WARAT. Luis Alberto. *A Pureza do Poder*. Santa Catarina: UFSC, 1983.

[59] Conforme LUHMANN, La Constitution comme Acquis Évolutionnaire, 1995, p. 106: "Le concept de constitution réagit à une différenciation du droit et de la politique, et plus encore: à la séparation totale de ces deux systémes fonctionnels, *ainsi qu'au besoin de liaison qui en resulte*".

apresenta como uma aquisição evolutiva da sociedade, pois substitui o direito natural pelo direito da razão, tornando-os operacionalizáveis.[60]

Nesse sentido, a aquisição evolutiva da Constituição pode ser sugerida como um processo inter-organizativo que pode vir a desencadear um texto constitucional mais próximo dos estágios societários atuais. Esse é o caso, por exemplo, da Comunidade Europeia e do próprio Mercosul. A necessidade de integração demandada pelo sistema social forçará a Constituição a se adaptar e a ser (re)criada. Essa ideia é bem explicada por Canotilho,[61] ao abordar as fases da teoria luhmanniana:

Luhmann continuou depois a abordar algumas questões constitucionais, além das questões teóricas que estão sempre no centro do seu pensamento. Foi apontando para a ideia de Constituição evolutiva, porque era uma ideia interessante a nível de inter-organizatividade. E esta é uma das premissas básicas de Luhmann, que veria na ideia de Constituição evolutiva uma possibilidade da própria evolução do constitucionalismo europeu. Não é por acaso que o Tribunal de Justiça das Comunidades começou a falar (antes do tempo, no meu entender) de "Constituição Europeia", sem haver um poder constituinte a criá-la.

Luhmann vê, na Constituição, portanto, algo dinâmico, separado das tradicionais concepções longevas de Estado que possibilitavam a manutenção temporal de uma Constituição. E isso somente é conseguido, paradoxalmente, por seu isolamento clausural em relação aos demais sistemas, pois somente dessa maneira a Constituição consegue um nível tal de organização que lhe possibilita avançar em direção ao futuro. Ademais, a diferenciação entre Constituição e Política carrega uma série de vantagens, assinaladas por Alcóver:[62]

1) Se, no sistema jurídico e também no sistema político, as decisões programadas e as programáveis estão diferenciadas e atribuídas a diversos órgãos do Estado, essa organização permite uma maior racionalidade na divisão de tarefas e, com isso, a separação das responsabilidades pela manutenção ou modificação dos programas, a partir de sua relação com o entorno;

---

[60] Cf. DE GIORGI, *Direito, Democracia e Risco...*, 1998, p. 118-119.

[61] CANOTILHO, José Joaquim Gomes. 1ª Parte – Videoconferência – 21/02/02 – UFPR. In: COUTINHO, Jacinto Nelson de Miranda (Org.). *Canotilho e a Constituição Dirigente*. Rio de Janeiro: Renovar, 2003. p. 23.

[62] ALCÓVER, *El Derecho en la Teoria....*, 1998, p. 344.

2) Também permite separar a coercibilidade, o uso do monopólio da força física e potencializar aquela em detrimento desta. Permite, também, separar as formas utilizadas pelo sistema jurídico para proteger contemporaneamente a seguridade das expectativas normativas e sua adaptação à realidade;

3) A especificação funcional do Direito não impede a observação da importância das funções desempenhadas por determinadas instituições e normas jurídicas para a própria manutenção da diferenciação funcional da sociedade (esse é o caso, por exemplo, dos direitos fundamentais – direito fundamental à saúde).

Desse modo, sob o viés da teoria dos sistemas, não significa dizer que a Constituição não mantém contato com os demais subsistemas sociais. De fato, ela é o acoplamento estrutural entre Direito e Política,[63] o momento por excelência onde há a comunicação do sistema jurídico com o entorno. Esse acoplamento fica nítido quando se reconhece, por exemplo, que a democratização da política (governo/oposição) *exige, finalmente, todavía más protección jurídica al particular, en lo especial en lo concerniente a sus derechos constitucionales.*[64] A diferença é que, quando decidida pelo sistema do Direito, deverá haver justiciabilidade para as decisões fornecidas por seu código próprio (Direito/Não Direito). Já os políticos não devem interpretar a Constituição. Devem cumpri-la, uma vez que o objeto de sua ciência é diverso da especificidade jurídica.[65]

No mesmo sentido, a Constituição utiliza-se de conceitos políticos tais como povo, eleitor, partidos políticos e Estado e se remete, com isso, ao sistema político. Mas, quando positivados em um texto constitucional, esses conceitos passam a ser analisados/perscrutados como Direito e assim serão justicializados. A lição de De Giorgi[66] é esclarecedora:

---

[63] Sobre o tema assinala LUHMANN, La Constitution comme Acquis Évolutionnaire, 1995, p.118: "La constitution constitue (*Konstituiert*) et rend en même temps invisible le couplage structurel du droit et de la politique".

[64] LUHMANN, *Poder, Política y Derecho*, 2001, p. 21.

[65] Nesse sentido observa HESPANHA, A Autopoiese na Construção..., 1999. p.60: "É necessário que se parta de uma premissa autopoiética que assegure a auto-identificação dos componentes da matéria política que fundamenta a auto-regulação e o autoconhecimento das unidades normativas do Direito Constitucional sem confundí-las com o objeto que disciplina a ciência política".

[66] DE GIORGI, *Direito, Democracia e Risco...*, 1998, p. 119.

Mediante a constituição "o direito reage à sua autonomia", na medida em que dispõe de clausura, e, por conseguinte, de autocontrole. Por outro lado, a política garante a sua independência e pode conter as pressões involutivas dos estratos e canalizar as imposições dos privilégios. A constituição "fecha o sistema jurídico porque o regula como um âmbito no qual ela mesma reaparece": a constituição é direito que trata da conformidade do direito consigo mesmo.

Nessa esteira, tem-se, portanto, que a autopoiese constitucional é baseada em sua autorreferencialidade. No momento da operação jurídica, que toma por base a Constituição, o Direito produz sentido a partir de suas próprias especificidades e de sua unidade distintiva própria. Logo, não se confunde a autorreferência produzida pelo sistema político com relação à Constituição com a *self reference* constitucional do sistema jurídico, pois, como refere Hespanha,[67] são sistemas distintos *em que se envolvem as referências das pessoas ou dos grupos que as experenciam*.

Contudo, é essa mesma distinção autorreferencial que dá possibilidade de uma abertura exógena e cognitiva da Constituição ao entorno que a cerca.[68] Nessa dinâmica permanente de comunicação com os demais subsistemas sociais, a Constituição vai-se autorregulando e, cada vez mais, distinguindo-se do exterior, formulando uma unidade referencial própria de estruturas, princípios e operações específicos.

Nessa lógica, os princípios constitucionais, por exemplo, são pré-requisitos de decisão, e não condições de justiça. São esquemas operativos de natureza condicional limitados pela função estrutural dada pelo sistema no qual estão inseridos (o Direito – decisão). As pré-condições dos princípios são fornecidas pela diferenciação funcional, pois é ela que dá a individualização dos modos de comportamento.

Aliada à individualização dos princípios via diferenciação, a generalização das expectativas normativas via Constituição, torna-se

---

[67] HESPANHA, *A Autopoiese da Construção...*, 1999, p. 60.

[68] Sobre a necessidade da diferenciação funcional entre o sistema político e o sistema jurídico, ressalta LUHMANN, *La Constitution comme Acquis Évolutionnaire*, 1995, p. 125: "Si le système politique résout le problème de sa propre autoréférence par la constitution, il a alors besoin du droit. Ce qui ne peut fonctionner que parce que ces systèmes ne concordant pas, n'ont pás la moindre intersection, mais que le système politique ne peut se servir du syst`me du droit que par hétero-référence, cèst-à-dire par la prise en consideration dùn autre syst`me fonctionnel. Corrélativement, le concept d'Etat caractérise à la fois une organization et une personne juridique – selon le syst`me où il en est fait usage. Corrélativement encore, l'extension immense du doimaine d'application du pouvoir politique acquis grace au codage secondaire juridique de toutes les decision politiques, est conditionnée par la différenciation Claire des deux systèmes".

base e requisito estrutural do Direito. Como assinala De Giorgi,[69] *ambos são garantidos e estabilizados através do direito e no sistema do direito pelos princípios constitucionais.*

Nessa linha, por exemplo, o princípio constitucional do direito à saúde (art. 196, da CF/88) é uma estrutura autorreferente que transforma o direito à saúde a partir do próprio direito à saúde. Ele vai garantir a generalização e a individualização da proteção sanitária no sistema jurídico, ao mesmo tempo em que possibilita a abertura externa e a clausura interna de tal direito.

Disso decorre que a ideia de Constituição é uma ideia paradoxal. A positividade e a operatividade interna da Constituição são possibilitadas pela sua necessária abertura cognitiva aos demais subsistemas funcionais da sociedade. Dito de outra forma: a positividade constitucional nada mais é do que a expressão de autodeterminação do sistema jurídico.

Ademais, a própria Constituição, quando auto-observada, reforça a ideia de entrelaçamento autorreferencial de suas partes componentes. Ora, os princípios remetem aos direitos fundamentais que, por sua vez, se conectam à organização do Estado. A organização estatal está ligada à organização dos Poderes. Em um movimento cíclico-recursivo, ocorre a autorreferência possibilitadora da intracomunicação e intraprodução constitucional.

Após o movimento intrarrecursivo da Constituição, ela, mediante decisões, comunica-se com as demais normas e estruturas componentes do sistema jurídico, de tal forma que as *normas de Direito reproduzem outras normas de Direito, no contexto das próprias referências do sistema* constitucional.[70] Usando-se o conceito de Teubner,[71] poder-se-ia dizer, na esteira do raciocínio expendido, que a Constituição constitui-se em parte integrante do sistema autopoiético de segundo grau denominado Direito.[72]

Por outro lado, quando a Constituição, após sua autorreferência, se coloca em movimento e influencia os demais subsistemas sociais, há o momento de seu contato com tais subsistemas, notadamente, o

---

[69] DE GIORGI, *Direito, Democracia e Risco...*, 1998, p. 118.

[70] HESPANHA, *A Autopoiese da Construção...*, 1999, p. 60.

[71] Cf. TEUBNER, *O Direito Como Sistema Autopoiético*, 1989.

[72] Afirma HESPANHA, op. cit., p. 61: "O Direito Constitucional é um sistema jurídico autopoiético de segundo grau, autonomizando-se em face da sociedade, enquanto sistema (social) autopoiético de primeiro grau, graças à constituição auto-reguladora de seus próprios componentes sistêmicos e à articulação de seus elementos num hiperciclo".

político. Tome-se como exemplo o caso da saúde: no sistema jurídico, cabe decidir com base no código Direito/Não Direito, espelhado, no caso brasileiro, na base constitucional fornecida pelo artigo 196 da Carta Magna.[73] Já no sistema político, deve-se tomar a decisão de direcionamento de verbas públicas sanitárias, obedecendo-se aos programas políticos elaborados a partir da unidade distintiva governo/oposição. Dito de outra forma: a Constituição, na linguagem de Teubner,[74] faz-se presente e atuante nos demais subsistemas sociais por força de sua interlegalidade. Dessa forma, a Constituição pode ser observada como o *locus* de construção do novo a partir das descrições oferecidas pelas vários subsistemas nos quais atua como fator condicionante de decisão comunicacional no interior dos subsistemas funcionais e diferenciados, e também no intermédio de comunicação limitativo estabelecido no entorno do sistema social do qual se insere a miríade comunicativa autopoiética.

Nessa esteira, uma nova realidade jurídica passa também pela autopoiese constitucional que constitui sua formação. Como afirma Hespanha:[75] *a autopoiese do sistema constitucional concretiza a construção positiva da juridicidade dos princípios, das regras e das instituições que regulam o político por meio de um processo aberto à sociedade.*

Dessa maneira, a decisão novamente toma lugar de relevo. A questão é quem deve decidir a respeito da Constituição, dando-lhe continuidade e efetividade. Se a lei e a jurisprudência atuam na decisão judiciária, tem-se que o problema é diferente do "grau superior" e "inferior" das leis.[76] Como já delineado, a tarefa decisória a respeito da Carta Magna cabe ao órgão constitucional do Poder Judiciário – no Brasil, o Supremo Tribunal Federal. Com isso, a intrassuperioridade circular e central da Constituição é dada pelo fato de que os Tribunais responsáveis por sua guarda são a escala última da jurisdição, lugar onde se fecha o sistema e do qual não há mais possibilidade de busca de outra decisão.

Porém, não se afasta a hipótese de que toda a legislação deve conformidade em relação à Constituição, inclusive porque a dinâmica ato-norma-ato faz com que as decisões dos Tribunais Constitucio-

---

[73] Para uma maior especificadade sobre saúde, autopoiese e Direito, veja-se SCHWARTZ, Germano André Doederlein Schwartz. *O Tratamento Jurídico do Risco no Direito à Saúde*. Porto Alegre: Livraria do Advogado, 2004.

[74] Cf TEUBNER, *O Direito como Sistema Autopoiético*, 1989.

[75] HESPANHA, *A Autopoiese da Construção...*, 1999, p. 75.

[76] Cf. LUHMANN, *A Posição dos Tribunais...*, 1990, p. 157.

nais reafirmem que *todo o Direito pode estar de acordo com ou contrário à Constituição*.[77] São as decisões de cunho constitucional que dão continuidade à abertura da Constituição, ou, como quer, Canotilho, à constitucionalização fundamental da sociedade.[78]

Disso decorre a necessidade de uma organização interna ao sistema jurídico que pugne pela observância e respeito à Constituição. Logo, é conexa ao pensamento luhmanniano a noção de controle de constitucionalidade que filtre e verifique as normas legais permissíveis. Desse modo, autopoieticamente, *un sistema debe crear por si mismo un complejo de normas de control formal, por ejemplo en la forma de una Constitución que regula el procedimiento y proporciona una preseleccion abstracta de normas legales permisibles*.[79]

Nesse sentido, quando Luhmann fala em pré-seleção abstrata de normas, há uma evidente conexão com o controle concentrado de constitucionalidade, onde se produz exame de (in)constitucionalidade de uma lei, que é dirigida a todos, para o caso em tese e feita de forma abstrata. No caso brasileiro, esse controle é de competência do Supremo Tribunal Federal, quer por meio de Ação Direta de Inconstitucionalidade, quer por Ação Declaratória de Constitucionalidade, ou, ainda, por Arguição de Descumprimento de Preceito Fundamental.

O legislador deve combater a corrupção da Constituição,[80] muito embora seja sua inobservância que a reafirme como lei fundamental. Corrupção no sentido de ser corrompida, violada. Essa ideia deve partir do próprio processo legislativo, que deve produzir normas conforme a Carta Magna, a fim de que a recursividade do Direito seja afirmada e, assim, torne-se possível sua abertura ao entorno. Dito de

---

[77] LUHMANN, *A Posição dos Tribunais...*, 1990. p. 158.

[78] Em palestra proferida no dia 18/10/2002, na PUCRS, o Professor José Joaquim Gomes Canotilho defendeu a ideia de que as teorias da diferenciação possibilitam à Constituição a comunicação com os demais sistemas sociais. No mundo globalizado, o professor defende que ao invés de uma economização fundamental ocorra uma constitucionalização fundamental, de modo a espalhar os valores constitucionais aos mais longínquos quadrantes da Terra.

[79] LUHMANN, Niklas. *Confianza*. Barcelona: Anthropos Editorial; México: Universidad Iberoamericana 1996, p. 115.

[80] Diz LUHMANN, *La Constitution comme Acquis Évolutionnaire*, 1995, p. 106: "Ce que signifie 'constitution' es determine dans le miroir de as corruption. L'on s'en remet dans cette vue au législateur et il ne vient pas à l'esprit de distinguer la législation simple et la révision constitutionnelle. On attend du législateur (mais il est lui-même corrompu) un combat perpétuel contre la corruption de la constituion (*Verfassung*). Et c'est pourquoi: It's not every public law an innovation on our constitution?"

outra maneira: todo o Direito está sujeito ao exame de constitucionalidade.[81]

Nessa linha de raciocínio, também deve haver uma decisão anterior de constitucionalidade,[82] ou seja, o equivalente às Comissões de Constituição e Justiça existentes em cada casa do Poder Legislativo brasileiro. Mesmo que tomadas em outro sistema, essa operação é justiciável, visto que a decisão é dada com base na fórmula Direito (Constituição)/Não Direito (Não Constituição).

De outra banda, assim como todas as outras questões, a Constituição (e sua função) depende do observador. Caso o sistema político lançasse a observa-se, enxergá-la-ia unicamente como uma pré-condição decisória estabelecida pelo Poder Constituinte Originário, isto é, um meio programático para a tomada de decisões políticas. No entanto, a observação feita por um Tribunal deve tomar em conta seu papel de assegurar expectativas normativas. Dessa maneira, o Poder Judiciário *não deve exercer o papel de fiscal do Poder Constituinte Originário. Ele deve ser o garante da Constituição*[83] mediante o programa (legislação) oferecido pelo Poder Legislativo, mas dele se diferenciando, de forma a reconstruir o sentido da Constituição.

Dito de outra forma: para ambos os sistemas (político e jurídico), a Constituição amealha a influência do entorno.[84] Para o sistema político, a Constituição traz a legitimação ordenadora de seus atos, uma regulação que o vincula. Já para o sistema jurídico, a Constituição aumenta a possibilidade, por intermédio do Direito, da concretização das políticas públicas ali enunciadas. Como refere Navarro:[85]

---

[81] Afirma LUHMANN, *La Constitution comme Acquis Évolutionnaire*, 1995, p. 118; "Tout droit es exposé à l'examen de constitutionnalité, et l'ancien droit est promptement rendu obsolète par un droit constitutionnellement institué".

[82] Refere LUHMANN, *Poder, Política y Derecho*, 2001, p. 25: "esto se puede examinar con anterioridad y, por lo general, así se examina. Pero este examen preliminar realizado por juristas, es entonces ya una operación interna del sistema jurídico independientemente del contexto organizativo e institucional en el cual se efectúe".

[83] CAMPILONGO, *O Direito na Sociedade Complexa*, 2000, p. 86.

[84] Como exemplo dessa relação pode-se dizer que o Estado Democrático de Direito é a consequência de tal interdependência. A respeito, afirma LUHMANN, *Poder, Política y Derecho*, 2001, p. 26: "La fórmula Estado de derecho expresa una relación parasitaria entre política y derecho. El sistema político se beneficia con el hecho de que en otra parte (en el derecho) se encuentra codificada y administrada la diferencia entre lo que es conforme a derecho y lo discrepante. A la inversa, el sistema jurídico se beneficia con el hecho de que la paz – la diferencia de poderes claramente establecida y el hecho de que las decisiones se puden imponer por la fuerza – está asegurada en otra parte: en el sistema político. El término "parasitario" no expresa otra cosa, aquí, que la posibilidad de crecer gracias a una diferencia externa".

[85] NAVARRO, *El Derecho en la Moderna...*, 1998, p. 123-124.

La Constitución, a modo de ejemplo, es una estructura presente, con características distintas, tanto en el sistema político cuanto en el jurídico. En ambos, cumple la misión de introducir el entorno en el sistema a través de la autorreferencia. El sistema político, con la interpretación que lleva a cabo los textos constitucionales, se representa la ilusión de un acoplamiento y una regulación ordenadora del Derecho en sus asuntos internos... Por su parte, el sistema jurídico, a través de la Constitución, se ve confrontado con la necesidad de elaborar de continuo las iniciativas políticas que se presentam. Paralelamente, se incrementam sus posibilidades de presentar estas iniciativas políticas en forma jurídica.

A Constituição é, portanto, o *medium*, o acoplamento estrutural da Política e do Direito. Nessa interpretação, a Constituição formula (vide cláusulas pétreas e o procedimento legislativo estabelecidos no art. 59 e seguintes da CF/88) o modo pela qual se modifica e o método que o Poder Legislativo possui para modificar a norma. Com isso, juridicizam-se relações políticas e intermedeiam-se razões políticas de transformação da norma jurídica.[86]

1.2. As Constituições em Teubner[87]

Gunther Teubner propõe, atualmente, uma nova visão acerca da constitucionalização do sistema global, procurando atualizar temporalmente a Constituição perante os fenômenos da reflexividade e da juridificação. Sem embargo, o autor é o sistêmico-jurídico de maior relevância no cenário mundial. Tal fato se deve ao seu aprofundamento na teoria luhmanniana com a tentativa da (re)definição de certos conceitos quando contrapostos à sociedade atual.

Nesse sentido, Teubner agrega ao conceito biológico-autopoiético, que em Luhmann é uma proposta radical,[88] alguns elementos históricos. Tenta conectar o contexto social ao Direito. Entidades tais como as classes sociais, as corporações jurídicas e os movimentos so-

---

[86] Como bem observa GUERRA FILHO, Willis Santiago. *Teoria da Ciencia Jurídica*. São Paulo: Saraiva, 2001. p. 194: "É nesse contexto que a Constituição se revela como grande responsável pelo acoplamento estrutural entre os (sub)sistemas jurídico e político, jurisdicizando relações políticas e mediatizando juridicamente interferências da política no direito, ao condicionar transformações nas estruturas de poder a procedimentos de mutação constitucionalmente previstos".

[87] Trata-se do texto originalmente publicado em <http://www.conpedi.org.br/manaus/arquivos/anais/campos/germano_andre_schwartz.pdf>.

[88] Sobre a assertiva, veja-se CLAM, Jean. *Questões Fundamentais de uma Teoria da Sociedade: contingência, paradoxo, só-efetuação*. São Leopoldo: Unisinos, 2006, p. 166, nota de rodapé 30.

ciais[89] são copartícipes de uma reflexividade que "autodelimita o Direito dentro de seus vínculos com a realidade social".[90]

Essa é a juridificação, a nascença dos múltiplos corpos do Rei,[91] a razão da falência da hierarquia e da supremacia das Constituições dos Estados-Nação. A correlação sistema x ambiente é, portanto, observada a partir de interpenetrações desse código inicial com os subsistemas do Direito, da Política e da Economia.

Porém, toda essa análise, que inclui o problema constitucional, pressupõe uma espécie de autopoiese em níveis, também defendida por Jean Clam[92] em sua tentativa de aclaração da teoria luhmanniana. Ao contrário de Luhmann, Teubner entende que há níveis de autonomia diferenciados no sistema jurídico.[93]

Com isso, a autopoiese vai se constituindo, no sistema jurídico, a partir da auto-observação, da autoconstituição e da autorreprodução. Essa constelação *auto* são ciclos. Autorreferentes. Quando há articulação entre os três elementos, ocorre o hiperciclo e a autonomização do Direito. Nas palavras de Teubner:[94]

> Uma coisa é um subsistema social observar os seus componentes (elementos, estruturas, processos, limites e meio envolvente) através de comunicação reflexiva (*auto-observação*); outra diferente é um sistema definir e colocar em operação por si só o conjunto dos componentes sistêmicos (*autoconstituição*); ainda uma outra coisa diferente é a capacidade de um sistema para se reproduzir a si mesmo através da produção (circular e recursiva) de novos elementos a partir de seus próprios elementos (*autopoiese*).

Há, portanto, uma espécie de autopoiese gradativa do Direito, como, sob outra perspectiva, também defende Jean Clam.[95] Todavia, os hiperciclos não são encontráveis de forma pronta e acabada. Eles

---

[89] TEUBNER, Gunther. *Droit et Réflexivité: l'auto-référence en droit et dans l'organisation*. Bruilant: Belgique ; L.G.D.J.: Paris, 1996, p. 149-170.

[90] MELLO, Marcelo Pereira de. A Perspectiva Sistêmica na Sociologia do Direito: Luhmann e Teubner. *Tempo Social*. São Paulo: USP, v. 18, jun/2006, p. 357.

[91] Essa é a expressão usada por Teubner para explicitar a fragmentação do sistema jurídico em uma sociedade global. Para tanto, veja-se TEUBNER, Gunther. The King's Many Bodies: The Self-Deconstruction of Law's Hierarchy. In: *Law and Society Review* 31, 1997, 763-787.

[92] CLAM, Jean. The Specific Autopoiesis of Law. In: PRIBÁN, Jirí; NELKEN, David. *Law`s New Boundaries*. Cornwall: Ahsgate, 2001. p. 48.

[93] Vide TEUBNER, *O Direito como Sistema Autopoiético*, 1989.

[94] Idem, p. 68.

[95] Para CLAM, *Questões Fundamentais*, 2006, p. 143-189, há uma autopoiese basal, estruturada circularmente, cuja paradoxidade é pura e operativa, e existe uma autopoiese derivada, possuidora de uma circularidade evolutiva e de uma semântica paradoxal, abrindo novos espaços de estruturação.

se autoconstituem. É o caso do fenômeno constitucional. No nível da comunicação reflexiva e autorreprodutiva, e no contexto de uma sociedade globalizada, resta constatável que a juridificação de determinada Constituição se dá, hoje, em níveis diferenciados.

Aduzindo-se, some-se a ideia de direito reflexivo, elaborada pelo próprio Teubner,[96] cujo entendimento parte de um pressuposto tripartite: 1) Direito Formal – racionalidade interna; 2) Direito Material – racionalidade normativa; 3) Direito Reflexivo – racionalidade sistêmica.

É, especificamente, na racionalidade sistêmica (reflexiva), que se pode observar a Constituição com os olhos requeridos pela sociedade contemporânea. A grande e nova característica[97] é o fato de que o surgimento de uma lei globalizada não pode ser mensurada e/ou avaliada por ícones do Estado-Nação tais como a Constituição. A racionalidade reflexiva impõe a constatação da impossibilidade uma noção hierárquica de ordenamento jurídica em uma sociedade de redes.[98] Problemas como a digitalização, a privatização e a globalização[99] colocam em dúvida a tríade Constituição/Estado-Nação/Soberania.

De fato, em vários autores[100] clássicos, a Constituição foi erigida como um símbolo de limitação do Poder. Dentro do contexto apresentado, resta saliente que o ponto legitimador é outro: a sociedade necessita regulamentar dinâmicas sociais que operam de forma diferenciada. Daí, portanto, o desafio temporal: caso simbolizada dentro dos padrões liberais, não estaria, hoje, a Constituição, limitada ao que La Salle, corretamente, denominou de fatores reais do poder? Ela não correria riscos de se tornar uma folha em branco?[101] Ela (re)institucionalizaria tempo?

---

[96] TEUBNER, *Droit et Réflexivité*, 1996, p.19.

[97] TEUBNER, Global Bukowina: Legal Pluralism in the World-Society. In: Gunther Teubner (Hg.), *Global Law Without A State*, Dartsmouth, London 1996, p.4.

[98] Expressão utilizada por CAPRA, Fritjof. *A Teia da Vida*: uma nova compreensão científica dos sistemas vivos. São Paulo: Editora Cultrix, 1996, para (re)definir uma sociedade em que o todo não pode ser compreendido sem as partes e vice-versa. Com isso, denota-se que a fluidez e circularidade da sociedade contemporânea são fatos incontestes. Constituem-se em características arraigadas à autoconstrução do sistema social.

[99] TEUBNER, Gunther. Globale Zivilverfassungen: Alternativen zur staatszentrierten Verfassungstheorie. Zeitschrift für ausländisches öffentliches *Recht und Völkerrecht* 63, 2003, p. 2.

[100] Como SIEYÈS, Emmanuel Joseph. *A Constituinte Burguesa: qu'est-ce que le tiers état?*. 4.ed. Rio de Janeiro: Lumen Juris, 2001, e LASSALLE, Ferdinand. *A Essência da Constituição*. 6.ed. Rio de Janeiro: Lumen Juris, 2001.

[101] A assertiva de OST, François. *O Tempo do Direito*. Lisboa: Piaget, 1999, p. 281-282, é elucidativa: "Como evitar fazer da Constituição um 'arquivo', letra-morta em breve esquecida, sem com isso a tranformar num 'documento de trabalho', incessantemente retrabalhado ao sabor da urgência e das paixões políticas?"

Dentro da perspectiva adotada, a manutenção dessa lógica importaria em uma falha nos quatro ciclos do tempo do Direito, bem apontados por Ost[102] (Memória, Perdão, Promessa e Requestionamento). Não há uma nova promessa e muito menos um requestionamento. A Constituição não cumpre com as expectativas normativas lançadas pela sociedade. Nessa linha de raciocínio, alerta o mesmo autor:[103] *Como sempre, é no presente que se tem de triar, na herança do passado, aquilo que ainda é necessário para que o futuro tenha sentido.* Dito de outra forma: uma observação de segundo grau da Constituição deve levar em consideração seu entorno. Assim, por via de consequência, as comunicações sociais influenciam e (re)transformam seu sentido (da Constituição).

A lógica do Direito não corresponde mais, segundo Teubner e Fischer-Lescano,[104] a um sistema de julgamento de Cortes Superiores, mas sim de *networks*. Nessa modalidade, a Lei não se posiciona como o centro do sistema jurídico. Em sua visão, de policontextos,[105] o autor refere que as decisões juridificadas são absorvidas mutuamente, restando conectadas por suas recursividades, cuja origem varia e possui significados diferenciados.

Assim, a unidade do ordenamento jurídico passa a ser observada como regimes normativos compatíveis. Essa é a consequência dos já referidos *vários corpos do rei*. Todavia, a Constituição, nesse contexto, possui, ainda um grande sentido: uma limitação de danos.[106] Como já alertava Luhmann,[107] a unidade de diferença é uma realidade em um mundo de subsistemas diferenciados funcionalmente. Logo, pretender a superioridade pressupõe racionalidade forçada, quando, ao contrário, deveria ser evolutiva. A construção de regimes que ao invés de se colidirem, pressuponham a conexão citada, pode reconstruir tanto o sistema jurídico quanto os subsistemas por ele influenciados mediante os denominados acoplamentos estruturais.

---

[102] OST, *O Tempo do Direito*, 1999, Prelúdio.

[103] Idem, p. 283

[104] TEUBNER, Gunther; FISCHER-LESCANO, Andreas. Regime-Collisions: The Vain Search for Legal Unity in the Fragmentation of Global Law. In: *Michigan Journal of International Law* 25, 2004, p. 1039

[105] Para um maior aprofundamento sobre a matéria, consulte-se TEUBNER, Gunther. *Direito, Sistema e Policontexturalidade*. São Paulo: Unimep, 2005.

[106] A respeito da limitação de danos como resultado de uma sociedade de risco, fruto da indeterminação e da incerteza de suas estruturas, é aprofundada em LUHMANN, Niklas. *Sociología del Riesgo*. México: Triana Editores, 1998.

[107] LUHMANN, Niklas. *Observaciones de la Modernidad.*, 1997, p. 13-48.

Nessa senda, na esteira de Luhmann,[108] a Constituição é o local de acoplamento entre Direito e Política. Se ambos (Direito e Política) são factibilizados, cada vez mais, no plano internacional, a Constituição perde esse espaço, por exemplo, para os contratos de caráter internacional, resolvidos em âmbito privado.

Esse é o caso protagonizado pelo Brasil com relação à quebra de patente de medicamentos para fornecimento a pacientes portadores do vírus HIV.[109] Caso similar teve por palco a África do Sul, no caso Hazel Tau *x* Glaxo and Boehringer.[110] Em ambos reforçou-se a ideia de que os direitos fundamentais são aplicados não somente em nível estatal mas também no âmbito privado. Dito de outra maneira: o espaço da juridificação dos direitos fundamentais (vida, saúde, etc.) não é mais pertencente única e exclusivamente ao Estado.

A ideia, aliás, não se constitui em novidade para a doutrina constitucionalista.[111] Os direitos fundamentos possuem eficácia horizontal também entre atores privados (indivíduos e empresas). Dessa forma, como deseja Teubner,[112] estendem-se obrigações "fundamentais" às relações privadas transnacionais, ao mesmo tempo em que elas são possíveis de serem perseguidas em espaços outrora desconhecidos, como é o caso da Internet. Como isso é possível? Um exemplo: códigos de conduta de empresas transnacionais que obrigam seus empregados,[113] nos mais variados Estados da sociedade global, a respeitar certos direitos e valores universais. Outro: os direitos autorais transnacionais, regulados por tratados (TRIPs) que possuem equivalente normativo em cada país, podendo ser exigidos em qualquer nível de jurisdição mesmo que a violação tenha sido dada em outro Estado-Nação.

Por outro lado, um exemplo, em desespero último, em sentido contrário – de reforçar a ideia de Estado-Nação – é dado pela Comu-

---

[108] LUHMANN, Niklas. *Das Recht der Gessellschaft*. Frankfurt: Suhrkamp, 1997, p. 407-415.

[109] Para uma descrição cronológica do caso, veja-se SCHWARTZ, Germano. *O Tratamento Jurídico do Risco no Direito à Saúde*. Porto Alegre: Livraria do Advogado, 2004, p.162-175.

[110] O caso é narrado amiúde em TEUBNER, Gunther. Sociedad global, justicia fragmentada: sobre la violatión de los derechos humanos por actores transnacionales 'privados'. In: Manuel Escamilla und Modesto Saavedra (Hg.), Law and Justice in a Global Society, International Association for Philosophy of Law and Social Philosophy, Granada 2005, 529-530.

[111] A respeito, para citar apenas um, STEINMETZ, Wilson. *A Vinculação de Particulares a Direitos Fundamentais*. São Paulo: Malheiros, 2004.

[112] TEUBNER, Gunther. *Globale Zivilverfassungen*: Alternativen zur staatszentrierten Verfassungstheorie..., 2003, p. 4.

[113] É a "fundamentalização" da *labour law* no âmbito internacional de que fala TEUBNER em The King's Many Bodies, 1997, p. 769-771

nidade Europeia e seu "Tratado Constitucional Europeu". A eficácia horizontal, típica daquela organização, tentou ser substituída pela concepção hierárquica. Procurou-se resgatar as ideias do que Luhmann chamava de *Velha Europa*. O modelo foi rechaçado por vários países, entre eles a França. A racionalidade forçada, pois, não se sustentou. A sociedade de *networks* não necessita de um retorno ao passado.

A noção de multiplicidade de Constituições Civis é a defendida por Teubner[114] como uma forma de superação dos problemas apontados. É uma nova racionalidade constitucional, sustentada em uma constatação tríplice:[115]

> a) *Dilema da Racionalização* – o câmbio de uma sociedade moderna para uma sociedade de risco expõe a fragilidade das estruturas modernas em uma sociedade de indeterminação. Em uma idéia de vários contextos, a centralização se esgota. Essa é a natureza dos trabalhos de Beck[116] e de Baumann,[117] especialmente o último quando se refere à "liquidez" da sociedade atual ao observar seu caráter fluído e polidecisional. Novamente exsurge a urgência de se pensar a Constituição como construtor de uma unidade de diferença. Enquanto a Constituição não se adaptar a essa realidade, ela será uma diferença para promover a unidade, algo que pode ser classificado, no mínimo, como anacrônico.
>
> b) *Globalização Policêntrica* – a globalização é um fenômeno de níveis variados e não coordenado.[118] Um dos grandes contrastes, como é o exemplo da questão dos medicamentos para o HIV, é o fato de os direitos fundamentais serem reafirmados em palcos não-estatais. Forçoso reconhecer, pois, que é a sociedade civil que vem (re)afirmando a Constituição em espaços fora e/ou dentro do Estado.[119] A hipótese de Häberle[120] é, portanto, correta, devendo, todavia, ser transplantada a um nível global.

---

[114] TEUBNER, Gunther. *Globale Zivilverfassungen*: Alternativen zur staatszentrierten Verfassungstheorie..., 2003, p. 5.

[115] Idem, p.7-13.

[116] BECK, Ulrich. *La sociedad del riesgo: hacia una nueva modernidad*. Barcelona: Paidós, 2001.

[117] BAUMAN, Zygmunt. *Modernidade Líquida*. Rio de Janeiro: Jorge Zahar, 2001.

[118] A comprovar tal afirmação, veja-se o verbete "Globalização" em ARNAUD, André-Jean; JUNQUEIRA, Eliane Botelho. *Dicionário da Globalização*. Rio de Janeiro: Lumen Juris, 2006, p. 221-225.

[119] Para ARNAUD, André-Jean. *Critique de la Raison Juridique 2. Gouvernants sans Frontières. Entre mondialisation et post-mondialisation*. Paris: L.G.D.J, 2003, p. 271-356, o *pouvoir en partage* é a grande característica do Direito nos tempos atuais, rechaçando-se assim, a lógica *top down* adotada pela racionalidade moderna e se admitindo como correta a produção normativa *bottom up*. Nesse espaço de lógica estilhaçadas, a sociedade civil (re)assume um papel importantíssimo nas instâncias de produção normativa, conjuntamente com o legislador estático, em níveis variados que constituem um direito negociado e não mais imposto.

[120] Em HÄBERLE, Peter. *Hermenêutica constitucional*: a sociedade aberta dos intérpretes da constituição: contribuição para a interpretação pluralista e 'procedimental' da constituição. Porto Alegre: Sergio Antonio Fabris, 2002.

c) *Creeping Constituicionalization* – na falta de uma tradução melhor, pode-se usar tanto a idéia de Streck[121] sobre o fato de os países de modernidade tardia viverem sob o manto de uma baixa constitucionalidade quanto à alopoiese de Marcelo Neves,[122] quando alerta que, no Brasil, inexiste diferenciação entre Direito e Política, o que provoca bloqueios na necessária autopoiese de ambos os sistemas. A conseqüência direta é uma ausência de constitucionalização do sistema jurídico, e, portanto, de uma *creeping constitucionalization* em países periféricos.

A Constituição, pois, é vista sob dois aspectos. De um lado, é o espaço de produção de normas e de fundamentação do Direito. Dessa maneira, ela produz estruturas que são aproveitadas por todos os outros subsistemas sociais mediante acoplamento. Esse é o outro lado, em que os subsistemas sociais diferenciados recebem a comunicação "constitucionalizada" e reprocessam-na de acordo com sua especificidade.

A proposta de Teubner[123] é a de que as várias Constituições sem Estado (civis) são estruturas sociais, constituindo-se em interfaces de movimentos sociais autônomos com as operações juridificadas. Em outra forma de argumentar, a Constituição não é somente o acoplamento entre Direito e Política, mas sim entre o Direito e os demais subsistemas sociais.Assim sendo, a Constituição não é tão somente "Política" ou "Carta Política", muito embora ainda preserve tal característica. De outros subsistemas provêm irritações que podem ser entendidas como constitucionais pelo sistema jurídico.

Ressalte-se, ainda, que no nível da autorreprodução, persiste o fato de que a Constituição trará as regras de como as normas podem ser reproduzidas. Daí a validade do subcódigo constitucional/inconstitucional. Ele persiste. No nível da auto-organização, a Constituição também estrutura as formas decisórias criadas a seu respeito. A mudança reside, portanto, no nível reflexivo, ou seja, as comunicações e complexidade da sociedade contemporânea geram outros acoplamentos entre a Constituição e os demais subsistemas sociais. Tudo isso é pensado a partir de três argumentos básicos:[124]

1) Deve-se levar em consideração que o policentrismo jurídico é resultado de uma drástica e multifacetada fragmentação da sociedade global em si. Logo, pensar a Constituição somente

---

[121] Defendida em STRECK, Lenio Luiz. *Jurisdição Constitucional e Hermenêutica: uma nova crítica do Direito*. Porto Alegre: Livraria do Advogado, 2002, p. 59-94.

[122] Cf. NEVES, Marcelo. *Entre Têmis e Leviatã*. São Paulo: Martins Fontes, 2006.

[123] TEUBNER, Gunther. *Globale Zivilverfassungen*: Alternativen zur staatszentrierten Verfassungstheorie..., 2003 p.16.

[124] TEUBNER, Fischer-LEscano. *Regime – Collisions*, 2004, p. 1004.

pela auto-observação jurídica é um reducionismo que, antes de reduzir riscos, os reproduz ininterruptamente. Com isso, não se estabilizam expectativas e a Constituição não cumpre com sua função.

2) Dessa forma, uma aspiração à construção de uma unidade jurídica global é, frente às características da sociedade contemporânea, altamente improvável. Ao contrário, é razoável supor uma maior fragmentação jurídica.

3) Dita fragmentação é impossível de ser combatida. Cumpre estabelecer *networks*, lógicas, capazes de compatibilizar lógicas tão díspares e não lineares.

Nessa linha de raciocínio, a fórmula da argumentação/validade utilizada por Luhmann[125] pode ser verificada. A Constituição é um texto que acopla tanto a validade como a argumentação, sendo a validade do texto (argumento) verificada em outros níveis além do Político. A decisão, portanto, deriva desse contexto. Há, com isso, decisões "constitucionais" no sistema econômico, quando, por exemplo, uma indústria fronteiriça deixa de poluir um dos lados de um rio (pertencente a uma nação) porque afetará o outro lado (de outra nação). Referida decisão trará prejuízos, mas será tomada em função dos movimentos sociais (ONGs, sociedade civil organizada) e das Constituições de ambos os Estados envolvidos. Note-se, porém, que se trata de uma "decisão constitucional civil".

Nessa esteira, perde espaço a noção da possibilidade uma Constituição Federal que se baseia na concepção precípua de hierarquia.[126] A observação do sistema social dá algumas referências bastante consistentes a respeito. Veja-se, por exemplo, a falibilidade da tentativa de leis nacionais que procurem limitar a Internet.[127] A digitalização renega fronteiras e soberanias, atuando em um espaço essencialmente não estatal,e, mais, virtual. Com isso, colocam-se em xeque as construções modernas do Estado enquanto nação, e, portanto, da própria essência do fenômeno constitucional.

Um outro exemplo é trazido pela globalização,[128] entendida como um fenômeno comunicativo de uma sociedade em escala

---

[125] LUHAMNN, *Das Recht der Gessellschaft*, 1997, p. 342.

[126] Sobre o tema, consulte-se SCHWARTZ, Germano (Org.). *Autopoiese e Constituição*: os limites da hierarquia e as possibilidades da circularidade. Passo Fundo: UPF Editora, 2005.

[127] TEUBNER, Gunther. *Globale Zivilverfassungen*: Alternativen zur staatszentrierten Verfassungstheorie..., 2003 p. 1.

[128] Idem, p.2.

mundial. Para Teubner,[129] não se pode mais silenciar sobre o fato de que a hierarquia constitucional é uma ideia que não mais vigora na contemporaneidade. Tome-se como exemplo as Cortes de Arbitragem Internacionais. Nelas, as empresas multinacionais aplicam, em um local fora do Estado, leis comerciais que são internacionais e cuja reflexividade no sistema social é um dado que não se pode deixar de levar em consideração.

Disso tudo resulta que a Constituição ainda não esgotou sua funcionalidade sistêmica, que, no entanto, devido às comunicações oriundas dos demais sistemas sociais, se transformou a partir de uma abertura cognitiva e de uma autorreprodução interna. Trata-se, pois, de uma nova forma constitucional advinda de uma aquisição evolutiva social. Essa nova racionalidade é capaz de (re)orientar temporalmente a Constituição e as decisões dela advindas.

Dessa forma, para que seja possível evitar um interregno, o espaço de tempo existente entre dois monarcas (falecimento de um e assunção de outro) e para que se torne viável a constatação de que um único *king* não é possível para tantos corpos, é factível a utilização adaptada de uma regra proveniente do Reino Unido e que tem por objetivo a continuidade:

A Constituição está morta. Viva a Constituição!

1.3. Considerações finais

Dos argumentos expostos, pode-se concluir que a hierarquia constitucional kelseniana não mais responde aos anseios de uma sociedade de risco e de intedeterminação.[130] A circularidade decisional se adapta e transforma a Constituição a partir de seus próprios ele-

---

[129] Nas palavras de TEUBNER. *King Many Bodies*, 1997, p. 769: "The recurrent doubts about law's hierarchy so easily silenced in the nation-states' past can be silenced no more".

[130] Assevera LUHMANN, *La Constitution comme Acquis Évolutionnaire*, 1995, p. 113-114: "La validité de la constitution ne peut plus guère mais n'a pas non plus besoin d'etre fondée de l'exterieur. La validité hypothétique, dessinée à partir d'une analogie scientifique, d'une norme fundamentale (Kelsen). Il s'agit em tout cas d'une construction inutile. Il n'est pas difficile de comprendre qu'il y ait peu de sens à reposer toujours de nouveau la question du commencement ou du fondement de validité, de l'*arché* ou du *principium*. Abandonner cette problématique ne fait nullement le lit de l'arbitraire (*Beliebigkeit*) ou, comme onle craint facilement en Allemagne, n'ouvre la porte aux nationaux-socialistes. On acquiert ainsi plutôt la possibilite d'analyser plus précisément les exigences auxquelles um texte partiallement autologique doit satisfaire au sein d'um système autoréférential , opératoirement clos".

mentos jurídicos e com base em uma nova lógica, mais apta a responder às influencias comunicacionais dos demais subsistemas sociais.

Dessa forma, o Direito também pode ser observado como unidade de diferença entre o direito constitucional e o restante do Direito.[131] O Direito está orientado conforme a Constituição. Ou está de acordo, como já dito, ou está em desacordo[132] com o texto constitucional. Na primeira hipótese, a autorreferencialidade segue seu ciclo normal, e as decisões de caráter constitucional permeiam o sistema, reconstruindo-o. Na segunda, também ocorrerá a autopoiese, porém de forma negativa: o que está em desacordo com a Constituição reafirma o Direito por não ser Direito.

Nessa linha de raciocínio, a superioridade da Constituição e seu caráter de lei fundamental não são dados por uma definição estática. Tais características são (re)construídas no interior do sistema a partir de sua lógica interna própria. Significa, como aponta Luhmann,[133] *que l'immutabilité, la vulnérabilité, le caractère de valeur suprême, etc., doivent être construits dans le système du droit lui-même*. Nessa esteira, as características da Constituição, em um sistema autopoiético, levam a algumas considerações:[134]

1) É a Constituição, por intermédio de seus princípios e normas, que possibilita sua própria autorreferência;
2) Com isso há simetria infraconstitucional a partir da assimetria interna do texto fundamental;
3) A Constituição regula a produção do Direito e ela mesma prevê sua revisão, atualizando as normas inferiores e ela mesma;
4) A Constituição possibilita, ela mesma, a distinção entre direito constitucional e o restante do Direito;
5) A Constituição independe do sistema político no momento de sua aplicação no sistema jurídico, mas sofre sua influência no momento de sua feitura;
6) Disso decorre que a autopoiese jurídico-constitucional necessita de sua autorreferencialidade para sua (re)criação constante;

---

[131] Cf. Ibidem, p. 114

[132] Conforme Idem, a ideia de Constituição "transforme l'idée déjà possible selon laquelle tout droit pourrait être conforme ou contraire au droit em l'idée selon laquelle tout droit est ou bien conforme à la constitution ou bien lui est contraire".

[133] LUHMANN, *La Constitution comme Acquis Évolutionnaire*, 1995, p. 112.

[134] Apontadas por LUHMANN, *La Constitution comme Acquis Évolutionnaire*, 1995, p. 116.

7) Logo, o fundamento da validade da Constituição implica unicamente a necessidade de dar à Constituição uma unidade sistêmica, que lhe possibilite se (re)criar a partir da distinção sistema/entorno dentro do sistema social.

Referências bibliográficas

ALCOVER, Pilar Giménez. *El Derecho en la Teoría de la Sociedad de Niklas Luhmann*. Barcelona: J.M. Bosch Editor, 1993.

ARNAUD, André-Jean. *Critique de la Raison Juridique 2*. Gouvernants sans Frontières. Entre mondalisation et post-mondialisation. Paris: L.G.D.J, 2003.

——. *O Direito entre Modernidade e Globalização*: lições de filosofia do Direito e do Estado. Rio de Janeiro: Renovar, 1999.

——; JUNQUEIRA, Eliane Botelho. *Dicionário da Globalização*. Rio de Janeiro: Lumen Juris, 2006.

BAUMAN, Zygmunt. *Modernidade e Ambivalência*. Rio de Janeiro: Jorge Zahar Editor, 1999

——. *Modernidade Líquida*. Rio de Janeiro: Jorge Zahar, 2001.

BECK. Ulrich. *La sociedad del Riesgo*: hacia una nueva modernidad. Barcelona: Paidós, 2001.

CAMPILONGO, Celso. *O Direito na Sociedade Complexa*. São Paulo: Max Limonad, 2000.

CANARIS, Claus-Wilhelm. *El Sistema en la Jurisprudencia*. Madrid: Fundación Cultural del Notariado, 1998.

CANOTILHO, José Joaquim Gomes. 1ª Parte – Videoconferência – 21/02/02 – UFPR. In: COUTINHO, Jacinto Nelson de Miranda (Org.). *Canotilho e a Constituição Dirigente*. Rio de Janeiro: Renovar, 2003.

CLAM, Jean. A Autopoiese no Direito. In: ——; ROCHA, L.S; SCHWARTZ, G.A.D. *Introdução à Teoria do Sistema Autopoiético do Direito*. Porto Alegre: Livraria do Advogado, 2005.

——. *Questões Fundamentais de uma Teoria da Sociedade*: contingência, paradoxo, só-efetuação. São Leopoldo: Editora Unisinos, 2006.

——. The Specific Autopoiesis of Law. In: PRIBÁN, Jirí; NELKEN, David. *Law`s New Boundaries*. Cornwall: Ahsgate, 2001.

DE GIORGI, Rafaelle. *Direito. Democracia e Risco*: vínculos com o futuro. Porto Alegre: SAFE, 1998.

——. Luhmann e a Teoria Jurídica dos Anos 70. In: CAMPILONGO, Celso Fernandes. *O Direito na Sociedade Complexa*. São Paulo: Max Limonad, 2000.

GIDDENS, Anthony. *As conseqüências da modernidade*. São Paulo: Editora UNESP, 1991.

——. *Mundo em Descontrole*: o que a globalização está fazendo de nós. Rio de Janeiro: Record, 2002.

GUERRA FILHO, Willis Santiago. *Teoria da Ciencia Jurídica*. São Paulo: Saraiva, 2001.

HÄBERLE, Peter. *Hermenêutica constitucional*: a sociedade aberta dos intérpretes da constituição: contribuição para a interpretação pluralista e 'procedimental' da constituição. Porto Alegre: Sergio Antonio Fabris, 2002.

HESPANHA, Benedito. A Autopoiese na Construção do Jurídico e do Político de um Sistema Constitucional. *Cadernos de Direito Constitucional e Ciência Política*. São Paulo. n. 28 – julho/setembro, 1999.

LASSALLE, Ferdinand. *A Essência da Constituição*. 6.ed. Rio de Janeiro: Lumen Juris, 2001.

LUHMANN, Niklas. *A Posição dos Tribunais no Sistema Jurídico*. Trad. Peter Naumann e revisado pela Profª Vera Jacob de Fradera. *Revista da Ajuris*, Porto Alegre, 1990, n. 49.

——. *Confianza*. Barcelona: Anthropos Editorial; México: Universidad Iberoamericana 1996

——. *Das Recht der Gesellschaft*. Frankfurt: Surkhampf, 1997.

——. *El Derecho de la Sociedad*. Madrid: Iberoamericana, 2000.

——. Entrevista Realizada no dia 7.12.1993, em Recife, PE. In: GUERRA FILHO, WILLIS SANTIAGO. *Autopoiese do Direito na Sociedade Pós-Moderna*. Porto Alegre: Livraria do Advogado, 1997.

——. La Constitution comme Acquis Évolutionnaire. *Droits – Revue Française de Théorie Juridique*, n.22, Paris: PUF, 1995.

——. Poder, Política y Derecho. *Metapolítica*, vol. 5, n. 20, 2001. Mexico DF.

——. *Sistemas Sociales: lineamientos para una teoría general*. México: Anthropos: Universidad Iberoamericana; Santafé de Bogotá: CEJA, Pontificia Universidad Javeriana, 1998.

——. *Stato di Diritto e Sistema Sociale*. Introduzione all'edizione italiana di Alberto Febbrajo. Napoli: Guida Editori, 1990.

——. *Sociología del Riesgo*. México: Triana Editores, 1998

MANSILLA, Darío Rodríguez. *La Teoría de la Sociedad: invitación a la sociología de Niklas Luhmann*. *Metapolítica*, vol. 5, n. 20, 2001. Mexico DF.

MATURANA, Humberto R.; VARELA, Francisco J. *A Árvore do Conhecimento: as bases biológicas da compreensão humana*. São Paulo: Palas Athena, 2001.

——; VARELA, Francisco J. *De Máquinas e Seres Vivos: Autopoiese – a Organização do Vivo*. São Paulo: Palas Athena 1997

MELLO, Marcelo Pereira de. *A Perspectiva Sistêmica na Sociologia do Direito*: Luhmann e Teubner. *Tempo Social*. São Paulo: USP, v. 18, jun/2006.

MORIN, Edgar. Por uma Reforma do Pensamento. In: PENA-VEGA, Alfredo; NASCIMENTO. Elimar Pinheiro do. *O Pensar Complexo: Edgar Morin e a crise da modernidade*. Rio de Janeiro: Garamond, 1999.

NAVARRO, Evaristo Prieto. El Derecho y la Moderna Teoria de Sistemas. In: DOMÍNGUEZ, José Luis; ULGAR, Niguel Angel (Coords.). *La Joven Sociología Jurídica en España: aportaciones para una consolidación*. Oñati Papters – 6. Oñati: IISJ, 1998.

NEVES, Marcelo. *Entre Têmis e Leviatã*. São Paulo: Martins Fontes, 2006.

NICOLA, Daniela Ribeiro Mendes. Estrutura e Função do Direito na Teoria da Sociedade de Luhmann. In: ROCHA, Leonel Severo (Org.). *Paradoxos da Auto-Observação: percursos da teoria jurídica contemporânea*. Curitiba: JM Editora, 1997.

OST, François. *O Tempo do Direito*. Lisboa: Piaget, 1999.

PERETTI-WATEL, Patrick. *La Societé du Risque*. Paris: La Découverte, 2001.

ROCHA, Leonel Severo. *Epistemologia Jurídica e Democracia*. São Leopoldo: UNISINOS, 1999.

——. O Direito na Forma de Sociedade Globalizada. In: ——; STRECK, L.L. (Orgs.). *Anuário do Programa de Pós Graduação em Direito Mestrado e Doutorado*. São Leopoldo: Centro de Ciências Jurídicas – UNISINOS, 2001.

SCHWARTZ, Germano (Org.). *Autopoiese e Constituição*: os limites da hierarquia e as possibilidades da circularidade. Passo Fundo: UPF Editora, 2005.

——. *O Tratamento Jurídico do Risco no Direito à Saúde*. Porto Alegre: Livraria do Advogado, 2004.

SIEYÈS, Emmanuel Joseph. *A Constituinte Burguesa: qu'est-ce que le tiers état?*. 4.ed. Rio de Janeiro: Lumen Juris, 2001.

STEINMETZ, Wilson. *A Vinculação de Particulares a Direitos Fundamentais*. São Paulo: Malheiros, 2004.

STRECK, Lenio Luiz. *Jurisdição Constitucional e Hermenêutica*: uma nova crítica do Direito. Porto Alegre: Livraria do Advogado, 2002.

TEUBNER, Gunther. *Diritto Policontesturale*: prospettive giuridiche della pluralizzazione dei mondi sociali. Napoli: La Città del Sole, 1999.

——. *Droit et Réflexivité*: l'auto-référence en droit et dans l'organisation. Bruilant: Belgique ; L.G.D.J.: Paris, 1996

——. Evolution of Autopoietc Law. In: —— (Ed.) *Autopoietic Law: a new approach to law and society*. Berlin: New York: Walter de Gruyter, 1988.

——. Global Bukowina: Legal Pluralism in the World-Society. In: Gunther Teubner (Hg.), *Global Law Without A State*, Dartsmouth, London 1996.

——. *Globale Zivilverfassungen*: Alternativen zur staatszentrierten Verfassungstheorie. Zeitschrift für ausländisches öffentliches *Recht und Völkerrecht* 63, 2003.

——. *O Direito como Sistema Autopoiético*. Lisboa: Fundação Calouste Gulbenkian, 1989.

——. *Sociedad global, justicia fragmentada*: sobre la violatión de los derechos humanos por actores transnacionales 'privados'. In: Manuel Escamilla und Modesto Saavedra (Hg.), Law and Justice in a Global Society, International Association for Philosophy of Law and Social Philosophy, Granada 2005.

——. The King's Many Bodies: The Self-Deconstruction of Law's Hierarchy. In: *Law and Society Review* 31, 1997.

——; FISCHER-LESCANO, Andreas. Regime-Collisions: The Vain Search for Legal Unity in the Fragmentation of Global Law. In: *Michigan Journal of International Law* 25, 2004,

WARAT. Luis Alberto. *A Pureza do Poder*. Santa Catarina: UFSC, 1983.

2. Soberania e pós-soberania: uma perspectiva a partir dos Sistemas Autopoiéticos[1]

JIŘÍ PŘIBÁŇ

Embora a noção de "Estado Soberano" possa ofuscar mais do que efetivamente esclarecer o estado atual do Direito e da Política nacionais e internacionais, a "soberania" permanece sendo o ponto de partida de muitos argumentos teóricos jurídicos, políticos e sociais. É considerada um conceito relacional, com uma dimensão legal e uma política e, algumas vezes ainda, descrita como paradoxal:[2] é constitutiva da política, porém escapa à lógica regulatória das instituições políticas, pertencendo ao domínio da "vida real", com todos os seus excessos; nas modernas constituições com força obrigatória a todos,[3] é definidora e definida pelo Direito Positivo e, então, liga-se tanto ao lado externo quanto ao lado interno do domínio jurídico; em sociedades democráticas, expressa a identidade coletiva das pessoas, mas permanece inteiramente dependente da vontade popular expressada politicamente. Soberania significa tanto o poder que promulga o Direito (a soberania política do *pouvoir constitutiva*) como a lei que

---

[1] Tradução de Gustavo André Olsson e revisão de Germano Schwartz.

[2] Ver, por exemplo, M. Loughlin, *The Idea of Public Law* (Oxford: Oxford University Press, 2003) and M. Laughlin and N. Walker (ed.), *The Paradox of Constitutionalism: Constitutional Power and Constitutional Form* (Oxford: Oxford University Press, 2007).

[3] Nota dos tradutores: neste trecho, o autor utiliza a expressão *"modern constitucional rule of law"*. Em alguns casos, a expressão *"Rule of Law"* será traduzida como "Estado de Direito" e, em outros, como força obrigatória do Direito que vincula a todos: tanto aqueles que são destinatários das normas ("povo"), quanto o poder que emana as normas ("soberano"). Ressalta-se que será colocada entre parênteses e entre aspas – no próprio texto – a expressão original sempre que o sentido da tradução possa gerar dúvida ao leitor, ou não for encontrada uma expressão semanticamente adequada.

restringe e regula o poder constituinte do povo (a soberania legal de *pouvoir constitué*).

Nesse sentido, a democracia constitucional moderna desenvolve-se como a comunicação social existente entre o Estado e as pessoas. Sua legitimidade está assentada sobre dois pilares principais: na soberania popular e obrigatoriedade do Direito e nos direitos civis fundados na constituição. Um sistema político é democraticamente legítimo se for estabelecido pela própria soberania do povo, assim como, se permite que o poder político possa ser exercido diretamente pelo povo ou por meio de seus representantes eleitos. O sistema em si precisa ser constitucionalmente legitimado, no sentido de que os seus princípios, regras e procedimentos sejam expressos legalmente (*legal form*) e os servidores públicos, assim como seus atos, estejam sujeitos à lei. Práticas democráticas são regidas pela vinculatividade do Direito a todos e, ao mesmo tempo, pelo fato de as normas jurídicas estarem abertas à mudança democrática.[4]

A constituição política, garantida pelo poder soberano do Estado, tradicionalmente teve duas funções importantes – a limitação do exercício do poder soberano por meio de um sistema constitucional de freios e contrapesos e, simbolicamente, a constituição de toda a sociedade. O ato de soberania popular de criar uma constituição é um ato constitutivo dos sistemas da política e do Direito, assim como é um ato que expressa a identidade coletiva de uma política democrática que governa a si mesmo por intermédio de uma delegação de seu poder soberano aos seus representantes. O modo de expressão da identidade coletiva se estende para além do domínio do Direito e da Política e estabelece autorreflexões éticas e culturais do povo, como uma força política real e uma comunidade simbolicamente imaginada.[5]

A soberania, conjuntamente com a democracia e a constituição, estabelece a trindade conceitual da teoria normativa jurídica, social e política, a qual cria muitas ligações semânticas diferentes e reflexões complexas a respeito das sociedades políticas modernas. É uma das metáforas constitutivas da modernidade e sua força persuasiva ainda afeta profundamente as discussões teóricas das últimas três

---

[4] Para uma das mais esclarecedoras mudanças de ponto de vista sobre a legitimidade constitucional e democrática, ver J. Habermas, 'Reconciliation through the Public Use of Reason: Remarks on John Rawls's Political Liberalism' (1995) 92(3) *Journal of Philosophy, p.* 109-131; J. Rawls, 'Political Liberalism: Reply to Habermas'(1995) 92(3) *Journal of Philosophy, p.* 132-180.

[5] Para o conceito de comunidade imaginada e do nacionalismo, ver especialmente B. Anderson, *Imagined Communities: reflections on the origin and spread of nationalism* (London: Verso 1983); no contexto da teoria social e legal, ver J. Přibáň, *Legal Symbolism: on law, time and European Identity* (Aldershot: Ashgate 2007).

décadas, refletindo a transformação social da modernidade em uma pós-modernidade, com suas recentes conceituações de "pós-soberania",[6] <http://translate.googleusercontent.com/translate_f-_ftn4> "soberania tardia",[7] "democracia plurinacional",[8] "pós-democracia"[9] e política "pós-constituinte".[10] Isso concede a impressão de que o salto paradigmático necessário para analisar as cada vez mais globalizadas (e, no contexto europeu, "europeizadas") sociedades pós-modernas não pudesse ser concretizado sem o uso dos mesmos – afirmados como superados – conceitos de soberania, constituição e democracia.

Apesar dessas inovações conceituais e neologismos, o conceito de soberania, no entanto, continua a ser usado por políticos, juízes, advogados, especialistas e acadêmicos em suas respectivas vocações, programas, projetos e decisões. Na obra *Esferas da Justiça (Spheres of Justice)*, Michael Walzer, por exemplo, afirma que "A soberania é uma característica permanente da vida política",[11] e observa que a questão política mais importante diz respeito aos limites dentro dos quais a soberania opera e sobre a ideologia ou a doutrina legitimadora desses limites. Enquanto alguns filósofos constroem suas ideias e teorias desenhando o conceito de soberania, e os líderes políticos insistem em proteger a soberania do Estado de seus povos, outros teóricos e políticos sustentam novos modos de governança supranacional e global e de cooperação. De acordo com essas vozes críticas, já vivemos em uma condição pós-soberana,[12] que exige políticas alternativas e que transforma a soberania do Estado e o Estado-Nação em uma organi-

---

[6] N. MacCormick, *Questioning Sovereignty: Law, State, and Nation in the European Commonwealth* (Oxford: Oxford University Press, 1999), p. 123; W. Wallace, 'The Sharing of Sovereignty: The European Paradox' (1999) 47 *Political Studies*, p. 503.

[7] N. Walker, 'The Idea of Constitutional Pluralism' (2002) 65 *Modern Law Review*, p. 317.

[8] Ver, M. Keating, *Plurinational Democracy: Stateless Nations in a Post-Sovereignty Era* (Oxford: Oxford University Press, 2001), p. 12-28.

[9] Ver C. Crouch, *Post-democracy (Themes for the 21st Century)* (Oxford: Polity, 2004); Ver, também, R. Rorty, 'Post-Democracy' (2004) 26(7) *London Review of Books*, 1 April 2004.

[10] Por exemplo, N. Walker sugere ser o emergente domínio constitucional da União Europeia um domínio de um "constitucionalismo pós-constituinte"; ver N. Walker, '*Post-Constituent Constitutionalism? The Case of the European Union*' in M. Laughlin and N. Walker (eds), p. 247-267; ver, também, L. Lessig, '*Post-Constitutionalism*', 94 *Michigan Law Review* (1996), p. 1422-1470.

[11] Michael Walzer, *Spheres of Justice: A Defense of Pluralism and Equality* (New York: Basic Books, 1983), p. 318.

[12] Richard Bellamy, "*Sovereignty, Post-Sovereignty and Pre-Sovereignty: Three Models of The State, Democracy and Rights Within the EU*". In *Sovereignty in Transition*, ed. Neil Walker (Oxford: Hart Publishing, 2003), p. 167-190; Nancy Fraser, *Scales of Justice: Reimagining Political Space in a Globalizing World* (New York: Columbia University Press, 2009), 76ff.; Jürgen Habermas, *The Postnational Constellation: Political Essays* (Cambridge: Polity Press, 2001); Michael Keating, *Plurinational Democracy: Stateless Nations in a Post-Sovereignty Era* (Oxford: Oxford University Press,

zação política de dominação redundante. Até mesmo o domínio do Direito e da Política internacionais, que costumava considerar a noção de soberania do Estado como um dos seus pilares conceituais, familiariza-se com críticas a respeito da soberania do Estado e clama pela concessão de um papel mais relevante para a comunidade internacional como um todo.[13] <http://translate.googleusercontent.com/translate_f – _ftn11>.

A Soberania é, nesse sentido, defendida, rejeitada, questionada e examinada a partir do contexto da Política e do Direito transnacionais, nacionais e internacionais. Conferências acadêmicas e postagens da rede mundial de computadores a respeito da soberania e pós-soberania estão crescendo, no sentido de questionar se os anúncios recentes da era pós-soberania possuem algum valor informativo além da banalidade das observações "pós-tudo". Não causa espanto que alguns estudiosos alertam contra uma representação ingênua de um mundo globalizado de governança totalmente novo e insistem que a soberania popular e a legitimação democrática precisam ser revitalizadas tanto no nível do Estado-nação quanto em nível internacional, para gerar uma oposição às prejudiciais formas de dominação econômica e administrativa globais.[14]

No entanto, a rápida expansão atual da soberania e do discurso pós-soberania, assim como das confusões conceituais a eles associadas, indicam claramente que o Estado-nação moderno e as sociedades nacionais estão cada vez mais globalizadas e que, portanto, passam por profundas mudanças estruturais e semânticas no sentido político e jurídico.[15] Por isso, seria demasiado simplista tanto descartar todas as críticas ao conceito moderno de soberania como apenas uma das muitas modas intelectuais e clichês da moda quanto descartar o conceito de soberania como teoricamente falho e politicamente obsoleto. Em vez disso, as disputas fundamentais e o incremento das discussões e das críticas do conceito de soberania deveriam, teoricamente,

---

2001); Michael Shapiro, "Moral Geographies and the Ethics of Post-Sovereignty", *Public Culture* 6(3) (1994), p. 479-502.

[13] Dentre muitas coletâneas de ensaios, ver, por exemplo, Howard Hensel (ed), *Sovereignty and the Global Community: The Quest for Order in the International System* (Aldershot: Ashgate, 2004); ver, também, Stephen Krasner (ed.), *Problematic Sovereignty: Contested Rules and Political Possibilities* (New York: Columbia University Press, 2001).

[14] Saskia Sassen, *Losing Control? Sovereignty in an Age of Globalization* (New York: Columbia University Press, 1996).

[15] Gerard Delanty, *Social Theory in a Changing World: Conceptions of Modernity* (Cambridge: Polity Press, 1999), p. 61-70.

inspirar-nos a reconsiderar as mudanças semânticas político-legais, assim como as mudanças estruturais na sociedade global moderna.

No texto que segue, então, realço inicialmente a proliferação do discurso da soberania e as expectativas normativas de algumas das principais e mais típicas teorias da soberania e pós-soberania da Política e do Direito. Posteriormente, concentro-me em uma análise conceitual da soberania como um dos conceitos contestados em sua essência, e destaco o seu persistente valor semântico para a Política e o Direito modernos. Na parte final, trabalho a soberania como parte da semântica autorreferencial de ambos os sistemas, político e jurídico.

Sustento que o conceito de soberania dificilmente pode ser descartado em razão de eventual inutilidade enquanto os políticos, os advogados, os juízes constitucionais e o público em geral continuarem a utilizá-lo em sua comunicação social. Mantém-se como parte da semântica atual dos sistemas políticos e jurídicos.[16] No entanto, a soberania não pode ser entendida como uma ficção, significativa da unidade total da sociedade que, em última análise, estaria regulada e controlada por um poder central e por seu Direito. Teorias e imagens de unidade social como unidade política garantida pelo poder soberano são insustentáveis. Esses aspectos precisam ser substituídos por uma teoria da diferenciação funcional dos sistemas sociais, na qual o conceito de soberania é autolimitado e normalmente autorreferente às questões políticas e jurídicas representadas por uma das muitas organizações sociais – o Estado Constitucional, que opera a partir do Estado de Direito em níveis nacionais, supranacionais e transnacionais.

2.1. Uma espécie de prelúdio europeu: sobre nações soberanas, nacionalismos constitucionais e os Estados-Nação da União Europeia

Após uma vitória esmagadora na eleição parlamentar húngara, em abril de 2010, um novo governo nacionalista conservador, liderado pelo Primeiro-Ministro Viktor Orbán, cujo Partido Fidesz conquistou uma prevalência de lugares no Parlamento (enquanto um extremista de um partido de direita, e abertamente antissemita e anti-Roma, Jobbik, conseguiu atrair 17 por cento dos votos nacionais), anunciou uma revolução constitucional e imediatamente promulgou duas leis. Surpreendentemente, essas leis não pretendiam enfrentar os proble-

---

[16] Robert Jackson (ed.), *Sovereignty at the Millenium* (Oxford: Wiley-Blackwell, 1999).

mas econômicos colossais do país. Uma delas foi destinada a reforçar os laços com os "húngaros étnicos" que vivem no exterior, dando--lhes a chance de adquirir a cidadania húngara. A outra lei declarou o dia 4 de junho – quando, no pós-guerra, em 1920, foi realizado o Tratado de Trianon, que pôs fim à dominação política da Hungria em muitas partes da antiga monarquia dos Habsburg e decretou que milhões de húngaros étnicos passariam a viver fora do estado húngaro pós-1918 – o "dia da memória nacional".

Em resposta a esses atos de etnopolítica e de imaginação nacionalista retrospectiva, o governo nacionalista da Eslováquia imediatamente promulgou uma lei que retirava a nacionalidade eslovaca de qualquer pessoa que adquirisse a cidadania húngara. Além disso, o Primeiro-Ministro Fico afirmou que "a Eslováquia é um país soberano e não podemos tolerar a política de Fidesz no sentido de 'Grande Hungria'". Todo o conflito dos dois Estados soberanos e de suas imaginações nacionais foi discutido no âmbito da União Europeia; porém, isso não impediu Ján Slota, líder do Partido Nacionalista Eslovaco, de continuar seus discursos retóricos e envenenados contra os húngaros, na defesa da soberania da Eslováquia contra seus inimigos nacionais.

A crise econômica da Grécia, em 2010, e a atual crise do Euro, o mais marcante exemplo da limitação supranacional da soberania do Estado por intermédio de meios econômicos, também levou a uma série de ataques midiáticos mordazes e à ressuscitação de ressentimentos nacionalistas extremamente fortes entre os gregos, alemães, e outras nacionalidades da União Europeia. Da mesma forma, a amarga crise constitucional belga, a política de devolução de poderes aos parlamentos locais (*devolution politics*), os crescentes etnonacionalismos em partes do Reino Unido, o nacionalismo tradicional e as campanhas de etnoterrorismo no País Basco e na Córsega também demonstram que a reivindicação tipicamente moderna de soberania nacional não desapareceu completamente; ao contrário, muitas vezes reinventa a si própria como uma política de identidade étnica, de autodeterminação e de autogoverno na constelação pós-nacional e pós-soberana da União Europeia. A autolimitação da soberania do Estado-Nação no seio da União Europeia não necessariamente enfraquece as aspirações coletivas para algum nível de, ou para a totalidade, soberania sobre territórios histórica e etnicamente definidos. O enfraquecimento da soberania do Estado é acompanhado por uma recuperação e uma redefinição da soberania para além do Estado-Nação.

2.2. Soberania como parte da semântica política e constitucional europeia

Desnecessário são exemplos de formas apátridas de nacionalismos étnicos na União Europeia, de excessos retóricos e jurídicos dos nacionalismos Húngaro e Eslováquio contemporâneos, da corrupção das elites gregas, da mídia alemã e das multidões furiosas nas ruas e praças da Europa para ver que a propaganda política e que o raciocínio econômico ou legal fundados na noção de Estado e soberania nacionais estão prosperando. Os líderes políticos e altos magistrados também falam cada vez mais contra a ideia de uma soberania supranacional da União Europeia, limitando os Estados-Membros em algum tipo disposição federal ou algum ato com forma estatal-constitucional (*state-like constitucional settlement*). Essas recusas são geralmente acompanhadas de reiterações do princípio da soberania constitucional, das liberdades e da legitimidade democrática garantida individualmente pelos Estados-Membros.

No Reino Unido, não são só os tabloides culpam Bruxelas por todos os problemas das Ilhas Britânicas, invocando a necessidade especial de defender a soberania do Estado contra o poder supranacional da União Europeia. Nos debates parlamentares, a questão da soberania do Parlamento é comumente trazida ao debate sempre que se trata de questões de integração Europeia, de política externa, de imigração, de defesa, e de outros temas associados ao Estado-Nação na perspectiva territorial. A soberania e o seu exercício, bem como a constituição democrática são os principais temas de campanhas eleitorais, muitas vezes dividindo internamente tanto o governo, quanto a oposição.[17]

Nos debates constitucionais na Alemanha, ao refletir sobre o processo de integração europeia, o Tribunal Constitucional alemão ganhou fama ao repetidamente afirmar a precedência da soberania constitucional e dos direitos dos cidadãos alemães sobre o Direito da União Europeia. No julgamento de Maastricht, o Tribunal declarou:

> Se os povos dos Estados individuais (como é o caso no momento) exercem a legitimação democrática por intermédio dos parlamentos nacionais, então os limites são impostos, pelo princípio da democracia, em uma extensão das atribuições e do poder das Comunidades Europeias. O poder do Estado em cada um dos Estados-membros

---

[17] Para discussões e programas eleitorais pré-2010, ver, por exemplo, uma proposta do Partido Conservador para decretar *"Sovereignty Bill"* e reiterar que "a autoridade máxima permanece neste país, no nosso Parlamento". Ver, Times Online, November 4, 2009, "*David Cameron promises Sovereignty Bill to stop Britain losing power to Brussels*", disponível em: <http://www.timesonline.co.uk/t ol/news/politics/article6902986.ece>.

emana do povo de cada um desses Estados. Os Estados exigem áreas significativas de responsabilidade para eles mesmos, áreas nas quais o povo do Estado em causa pode desenvolver e expressar-se dentro de um processo de formação de vontade política que ele legitima e controla, a fim de dar expressão legal para aquelas matérias que se referem às pessoas de uma relativamente homogênea base espiritual, social e política.

Apesar de o fato do julgamento ter ecoado a ideia de Hermann Heller a respeito da democracia constitucional e da soberania popular que emana de homogeneidade social,[18] o Tribunal foi severamente atacado por promover a noção de etnia pré-política de uma nação como *Schicksaalgemeinschaft* (comunidade de um destino comum).

Claramente, o conceito de soberania ainda é considerado útil e indispensável por políticos, parlamentares, juízes (*senior judges*), e até mesmo pelo público democrático, cada vez mais preocupado com a deterioração da sua voz política e do poder. O "défice democrático" óbvio da União Europeia e dos potenciais riscos ligados à erosão da legitimidade democrática dos Estados-Membros e de seus sistemas jurídicos não podem ser facilmente combatidos por ideias de pós-democracia e de uma governança política supranacional de uma Europa pós-soberania e pós-constituinte. A este respeito, os referendos nacionais na França e dos Países Baixos sobre a ratificação do Tratado Constitucional, em 2005, e o subsequente referendo Irlandês de ratificação Tratado de Lisboa, em 2008 e 2009, demonstraram o desconforto público e um estado de ansiedade criado pela tomada de decisões tecnocráticas e elitistas nos domínios da integração europeia.

Conflitos e debates políticos e jurídicos na União Europeia, especialmente aqueles que se seguiram à integração pós-Maastricht e ao alargamento, o processo de criação constitucional e, eventualmente, a ratificação da "reforma" do Tratado de Lisboa, mostram que o conceito de Estado e/ou de soberania constitucional permanecem muito populares entre os cidadãos, os povos, os políticos, os funcionários públicos, os juízes, os teóricos jurídicos e políticos que vivem e trabalham nesta constelação pós-nacional europeia única. Os julgamentos constitucionais sobre o Tratado de Lisboa, na Alemanha e na República Tcheca, e as demandas para fortalecer o papel dos parlamentos nacionais nos futuros processos de integração europeia mostram uma crescente tensão entre os órgãos legitimados democraticamente e dos corpos representativos dos Estados-Membros e a primazia tecnocrá-

---

[18] A referência citada pela Corte fora: H. Heller, *Politische Demokratie und soziale Homogenitat, Gesammelte Schriften*, Vol. 2, 1971, p. 421

tica e a legitimidade pela expertise (*expert-driven legitimacy*) da administração da União Europeia.

Essas respostas conflitantes para a integração na União Europeia levaram os autores do Tratado de Lisboa a reconhecer explicitamente as diferentes formas de disposição constitucional, identidades nacionais e de soberania estatal no artigo 4(2), onde se lê:

> A União respeita a igualdade dos Estados-Membros perante os Tratados, assim como as suas respectivas identidades nacionais, inerentes às suas estruturas fundamentais, políticas e constitucionais, inclusive de autogoverno local e regional. Respeita as funções essenciais do Estado, nomeadamente a garantia da integridade territorial do Estado, a manutenção da lei e da ordem e a salvaguarda da segurança nacional. Em particular, a segurança nacional permanece a ser da exclusiva responsabilidade de cada Estado-membro.

Esse parágrafo do Tratado de Lisboa juridicamente confirma o que os teóricos do Direito vêm descrevendo como um estado de pluralismo constitucional, jurídico e político. O paradigma do pluralismo constitucional e legal da União Europeia coincide com o surgimento de estudos de pós-soberania e substitui as teorias mais antigas do Direito Internacional e monismo europeu, alimentadas por eurofederalistas e partidários do conceito de "União cada vez mais estreita" e pela supremacia incondicional do Direito da União Europeia sobre os sistemas legais e constitucionais dos Estados-Membros. Nesse sentido, as teorias do pluralismo constitucional e legal que emergem no domínio das pesquisas do Direito da União Europeia são "teorias falhas", fundadas na reflexão de um processo de constituição falho e nas ambições da década de 1990, década da "ascendência da Europa", que nunca se materializaram como reformas políticas e legais da União Europeia.

2.3. Europeização e outros exemplos de mudanças estruturais da sociedade global

É certamente possível prevenir-se contra o espectro da re-emergência de políticas estatais etnonacionalistas em muitos Estados-Membros (geralmente travestida pelo discurso da proteção da soberania do Estado), da unidade nacional e, até mesmo, da legitimidade democrática. É, igualmente, possível ridicularizar as fantasias de etnonacionalistas contemporâneos, que argumentam que o Estado-nação não é mais essencial para a União Europeia (os quais têm a intenção de alcançar nada menos do que a independência nacional e o reconhecimento internacional da soberania). No entanto, essas políticas de identidade nacionais, antigas e novas, mostram tanto a inadequação e a persistência da soberania nacional quanto os paradoxos do Estado-Nação, como uma das organizações políticas emergentes na modernidade e em adaptação à era da globalização e da sociedade mundial.

O controle tradicional e a solidariedade dos habitantes de um estado estão sendo questionados no mundo globalizado, no qual a europeização é apenas uma das muitas manifestações. O comércio europeu e mundial, a migração e as alterações demográficas afetam significativamente a noção de uma comunidade de "destino comum" originalmente associada à nação moderna, como o soberano supremo do Estado democrático moderno. Lealdades estatais, identidades políticas e laços comunitários estão se tornando cada vez mais múltiplos, soltos e fragmentados. Divisões étnicas e nacionais adquirem uma nova importância, força, e as políticas ou as constituições, novos acordos, tais como o processo de devolução de poderes aos Parlamentos locais no Reino Unido (*the process of devolution in the United Kingdom*) ou, ainda, a autonomia concedida à Catalunha, na Espanha. Estas reformas constitucionais normalmente continuam sendo desafiadas por protestos públicos e por pressões políticas. Por exemplo, a Lei de Autonomia (*Act of Autonomy*), de 2006, concedeu significativa autonomia, especialmente em matéria de tributação e questões judiciais, à Catalunha, dentro do Estado espanhol. Apesar dessa reforma constitucional, uma multidão de um milhão pessoas marchou em Barcelona, em julho de 2010, clamando por uma maior autonomia para a Catalunha e protestando contra a decisão do Tribunal Constitucional que afirmou não haver base legal para reconhecer os catalães como uma nação e, da mesma forma, não encontrou justificativa para a língua catalã ter prevalência (*precedence*) sobre o espanhol. Em 2012, a crise constitucional espanhola aprofundou vis-à-vis à crise econômica do Estado, gerando um pedido do governo catalão para a realização de um referendo sobre sua independência, apesar do fato de este movimento contradizer a Constituição espanhola.

A europeização e a regionalização da vida política, anteriormente reguladas pelo Estado-Nação, são exemplos específicos de uma transformação geral no poder soberano do Estado-Nação, na democracia constitucional e na soberania popular em tempos de globalização. O Estado se tornou a organização menos importante na política global contemporânea. A sociedade contemporaneamente globalizada na Europa e em todo o globo demonstra a impossibilidade de se conceitualizar o poder exclusivamente em termos de hierarquia institucional do Estado-Nação, na sua indivisibilidade, no poder de decisão final e na execução da vontade suprema em uma comunidade política. Mudanças no significado e nos usos do controle dos territórios e dos habitantes – esses dois demonstrativos da definição de soberania – de forma significativa questionam a soberania do Estado e de suas funções. O poder, anteriormente associado com a soberania política, tornou-se muito mais disperso na sociedade, estendendo-se para além da moldura de uma "nação" como o sujeito principal da soberania e do Estado-nação democrático. Mesmo as manifestações últimas e excepcionais da soberania do Estado, como as guerras, foram também eliminadas pela governança supranacional (como ocorre na União Europeia), ou perderam muito de sua delimitação territorial e confrontações espaciais.

Essas modificações sociais nas estruturas de poder coincidem com as mudanças na semântica social e com as estruturas conceituais utilizadas para descrever a nossa condição social contemporânea. Isso afeta simultaneamente os conceitos políticos e os conceitos jurídicos assim como as suas reflexões teóricas no Direito (*jurisprudence*) e na Teoria Política. A globalização envolve profundas mudanças *estruturais* e *semânticas* as quais coexistem com a persistente semântica política da soberania do Estado e com a evolução da condição política e social pós-soberania.

2.4. As teorias da (pós) soberania e a globalização

Atualmente, a semântica da soberania se alimenta da distinção entre soberania e pós-soberania política e jurídica. Soberania ainda é comunicada nas ciências políticas e jurídicas como um conceito tanto analítico como crítico.[19] As comunicações acadêmicas e políticas no intuito de rejeitar o conceito de soberania, com todas as suas hierarquias nacionais e internacionais, paradoxalmente, caminham lado a lado com o incremento do uso da linguagem da soberania.

Muitas inovações teóricas e filosóficas, desde a jurisprudência do pluralismo jurídico e das teorias políticas de governança global, até as teorias críticas da "governamentalidade" (*governmentality*)[20] ou

---

[19] Para críticas fundamentais, ver, especialmente: Stephen Krasner, *Sovereignty: Organized Hypocrisy* (New York: Columbia University Press, 1999).

[20] Jean Francois Bayart, *Global Subjects: a political critique of globalization* (Cambridge, Polity Press, 2007), p. 287.

do "Império" global[21] e da soberania e de seus descontentamentos,[22] foram introduzidas para lidar com as complexidades, os paradoxos e as antinomias da soberania política e do poder social na sociedade global. Novas distinções, tais como a soberania compartilhada (agrupada), a soberania dividida e a soberania mundial são construídas a fim de explicar melhor as tendências políticas e jurídicas atuais, os desenvolvimentos e os desafios.

Algumas teorias negam a importância, se não a própria existência, da soberania no mundo de hoje, governado por organizações globais e redes transnacionais. Esses críticos percebem a soberania como um conceito que perdeu seu poder de significância devido a mudanças profundas nas estruturas econômicas e políticas e na dominação tecnológica do nosso mundo contemporâneo. A soberania, supostamente, estaria vazia em termos analíticos e seu valor descritivo estaria reduzido no âmbito das filosofias e teorias jurídicas e políticas atuais. É rejeitada por não ser capaz de organizar nenhum dado útil, nem realizar observações e distinções no Direito e na Política globalizados. Devido ao seu pobre valor explicativo, o conceito de soberania deve ser descartado do conjunto de ferramentas conceituais da ciência jurídica e política contemporâneas. Soluções conceituais alternativas e novos paradigmas passam a ser perseguidos na Política e no Direito contemporâneos com a finalidade de substituir noções de Política e de Direito Constitucional e Internacional, pensados com fundamento na soberania.

Em geral, na atualidade, existem três grandes correntes representativas do pensamento político e jurídico contemporâneos buscando, ou substituir completamente, ou, pelo menos, reformular radicalmente o conceito de soberania na Política e no Direito globais. Essas correntes podem ser classificadas como estudos em: a) *redes sociais* e/ou sistemas de *governança globalizados;* b) *ética* de valores cosmopolitas e direitos humanos globalizados; c) *poder político* globalizado.

A primeira corrente é representada, por exemplo, pelas teorias políticas, sociais e jurídicas de Manuel Castells, Günther Teubner, Immanuel Wallerstein e muitos outros estudiosos que trabalham no âmbito de redes e sistemas de governança global. Esse grupo considera acabado o papel histórico do Estado como uma organização central, social e política. Acredita que as estruturas políticas hierárquicas estão

---

[21] Michael Hardt and Antonio Negri, *Empire* (Harvard: Harvard University Press, 2000).

[22] William Rasch, *Sovereignty and Its Discontents: on the primacy of conflict and the structure of the political* (London: Birkbeck Law Press, 2004).

sendo gradualmente substituídas por redes horizontais de comunicação política e por tomadas de decisão cada vez mais facilitadas por instituições não governamentais e por "sistemas mundiais globais".[23] Essas teorias são construídas sobre o contraste, especificamente moderno, entre Estado, governo ou soberania política e governança administrativa ou engenharia social despolitizada. É um contraste entre o Estado e a sociedade civil, no qual o poder *soft* da sociedade civil, eventualmente, prevalece sobre o poder *hard* do Estado moderno.[24] Os governos políticos estariam sendo supostamente substituídos por formas despolitizadas de governança global. Diferentes maneiras de gestão social assumem o papel da autoridade do Estado. A engenharia social global marginaliza gradualmente a importância da política de soberania nacional.

A segunda corrente é igualmente crítica do conceito de Estado e da soberania nacional e, muitas vezes, tem o mesmo *ethos* político, da mesma forma que as teorias de governança global e transnacional. No entanto, está menos interessada na espontaneidade da evolução e da autoconstituição de uma sociedade civil global. É construída principalmente sobre o conceito prescritivo de transformação política e social da sociedade global[25] e tipicamente pode ser percebida no discurso normativo globalizado dos direitos humanos, da ética cosmopolita e da democracia.[26] O discurso global de direitos humanos, da ética e da democracia cosmopolita representa metodologicamente uma mistura eclética do normativismo universalista ético com o construtivismo sociológico.[27] De acordo com essas teorias, a globalização supostamente leva ao conceito prescritivo da sociedade civil global[28] e a uma sociologia global de direitos humanos.[29] Os adeptos de um sistema jurídico cosmopolita dos direitos humanos e das virtudes cívicas universais, como Ulrich Beck, David Held, Mary Kaldor, Daniel Levy, Thomas

---

[23] Immanuel Wallerstein, *World-Systems Analysis: An Introduction* (Durham NC: Duke University Press, 2004).

[24] David Sciulli, *Theory of Societal Constitutionalism: Foundations of a Non-Marxist Critical Theory* (Cambridge, Cambridge University Press, 1992), p. 150.

[25] Jackie Smith, Charles Chatfield, Ron Pagnucco (ed.), *Transnational Social Movements and global Politics: a solidarity beyond the state* (Syracuse NY: Syracuse University Press, 1997)

[26] Ver, por exemplo, Thomas W. Pogge, *"Cosmopolitanism and Sovereignty"*, Ethics 103 (October 1992), p. 48-75.

[27] Ver, por exemplo, Ulrich Beck, *The Cosmopolitan Vision* (Cambridge: Polity Press, 2006), p. 18-19.

[28] Mary Kaldor, *Global Civil Society: An Answer to War* (London: Polity Press, 2003).

[29] Daniel Levy and Natan Sznaider, "Sovereignty transformed: a sociology of human rights", *The British Journal of Sociology* 57(4) (2006), p. 657-76.

Pogge e outros, insistem que a dissociação entre sociedade e Estado-Nação tem transformado significativamente a noção da soberania, e, além disso, seria o momento de transformar os ideais humanitários em um regime de proteção global dos direitos humanos que "pode ser considerado como uma ordem com um alcance imenso do Leviatã" (*considered as a Leviathan writ large*).[30]

Essas reflexões teóricas sobre a ordem jurídica e política global acomodam a perspectiva de que a noção de soberania investida no Estado-Nação territorial representa apenas um período histórico específico, que chegou ao fim e precisa ser substituído por uma ordem jurídica cosmopolita soberana, de forma a reforçar a proteção dos direitos humanos, em vez de interesses imperiais.[31] O estado soberano moderno vem definhando e deve ser substituído por uma ordem política global emergente, fundada na soberania dos valores cosmopolitas e na governança.[32] Contestando a alegação de que as diferentes formas de governança global e de regulamentação são apenas um outro nome para a política de opressão e da expansão do poder, os adeptos de um sistema globalizado de direitos humanos sustentam que os Estados-Nação soberanos já não são os protetores mais eficazes dos direitos humanos. De acordo com esse ponto de vista, os direitos humanos são instituições sociais não limitadas por fronteiras estatais e pelas culturas nacionais.[33] O discurso dos direitos humanos, nesse sentido, vem acompanhado essencialmente por convocações para a criação de instituições e para a realização de deliberações políticas globais.[34]

Ao contrário desses pontos de vista e das convocações para uma governança global pós-soberania, do cosmopolitismo e da soberania da ética global dos direitos humanos, a terceira corrente de pensamento político e jurídico afirma que a política de poder associada à soberania do Estado não desapareceu, mas adquiriu novas formas e modos de comunicação social e de organizações supranacionais ou transnacionais. No mesmo espírito da filosofia hegeliana, essas teorias, portanto, analisam mais a transformação da soberania do que

---

[30] Ibid., p. 665.

[31] Gerard Delanty, *Citizenship in a Global Age* (Buckingham: Open University Press, 2000).

[32] David Held, *Democracy and the Global Order: From Modern State to Cosmopolitan Governance* (Stanford CA: Stanford University Press, 1995).

[33] Para uma teoria sociológica dos direitos humanos, ver, por exemplo: B. S. Turner, 'Outline of a Theory of Human rights' (1993) 27(3) *Sociology*, p. 489-512.

[34] Ulrich Beck, *Power in the Global Age: A new global political economy* (Cambridge: Polity 2005); ver, também, Urich Beck and Natan Sznaider, "Unpacking Cosmopolitanism for the Social Sciences: A Research Agenda", *British Journal of Sociology* 57(1) (2006), p. 1-23.

efetivamente o seu desaparecimento. Estudiosos, como Anthony Carty, Jean Cohen, James Rosenau e outros, examinam como os Estados nacionais soberanos foram inundados pelas tendências totalizadoras de novas configurações de poder que operam em nível global. Eles, consequentemente, são instados a repensar a soberania do Estado neste período de crise do Direito e da Política internacionais e a reforçar a legitimidade democrática da ordem internacional, através do reforço e da reinvenção da legitimidade democrática e dos processos de decisão no nível governamental do próprio Estado-Nação.[35]

De acordo com esses pontos de vista teóricos, a soberania do Estado-Nação e da política internacional foram significativamente enfraquecidos por redes, instituições e agências globais com muito maior grau de poder.[36] A forma política democrática do Estado-Nação soberano, portanto, precisa ser utilizada no sentido de uma construção de instituições políticas democraticamente legítimas em níveis supranacionais e globais. A soberania popular e a legitimidade democrática existentes no nível do Estado-Nação devem, assim, ser preservadas e usadas como ferramentas para o fortalecimento da legitimação democrática da ordem política internacional e global. Em outras palavras, a transformação democrática supranacional e global é impossível sem os procedimentos democráticos e as ferramentas utilizadas com sucesso pelo Estado-Nação.[37]

Respondendo aos desafios legais e políticos da sociedade contemporânea do mundo global e refletindo sobre a noção de soberania e sobre o poder nas relações internacionais, Jean Cohen, por exemplo, questiona criticamente: "Qual deve ser o novo *nomos* da Terra e como deveríamos entender o Direito globalizado?"[38] Em sua resposta, ela admite que o modelo baseado na soberania (*sovereignty-based model*) do Direito Internacional dá lugar a um mundo baseado em um modelo imperial (*empire-based world*), que marginaliza o projeto de justiça cosmopolita e de um direito humano universal. No entanto, Cohen insiste na utilidade do discurso da soberania do Estado na Política e no

---

[35] Ver, por exemplo: Anthony Giddens, *Runaway World: How Globalization is Reshaping Our Lives* (London: Routledge, 2003).

[36] Ver, por exemplo: James Rosenau, *Along the Domestic-Foreign Frontier: Exploring Governance in a Turbulent World* (Cambridge: Cambridge University Press, 1997).

[37] Para a relação entre Estado-Nação e soberania, ver: Anthony Giddens, *The Nation-State and Violence: Volume Two of A Contemporary Critique of Historical Materialism* (Berkeley, CA: University of California Press, 1985).

[38] Jean Cohen, "*Whose Sovereignty? Empire Versus International Law*", *Ethics & International Affairs* 18 (2004), p. 1-23.

Direito Internacionais e apela à revitalização do paradigma baseado na soberania do Direito Público Internacional com o intuito de enfrentar o poder do império e da dominação nas relações internacionais.[39] Nesse conceito de Direito Internacional, a soberania é tratada como "um conceito de eterno retorno"[40] e os Estados soberanos mutuamente iguais podem ser limitados (ter sua atuação limitada), mesmo contra a sua vontade, por uma agência internacional autorizada.

2.5. Soberania e as éticas sedutoras da teoria crítica

Enquanto as teorias que favorecem formas horizontais emergentes de gestão da sociedade global envolvem uma crença social teórica e política tipicamente moderna a respeito da diminuição do papel do Estado e do crescente papel de processos sociais espontâneos, as teorias que advertem contra os riscos políticos da globalização também procuram reforçar a legitimidade democrática da política de governança global, ou reinventar o Estado democrático soberano como o primeiro pilar de uma ordem política mundial legítima. Em outras palavras, algumas teorias favorecem novas variações sobre o tema do desaparecimento do Estado e do papel crescente de *soft laws* e da administração despolitizada, enquanto outras, ou projetam uma ética global dos direitos humanos e dos valores cosmopolitas, ou continuam a acreditar nas *hard laws* derivadas do poder e da soberania política e, principalmente, procuram reinventar e transferir os princípios e valores da política democrática moderna do Estado-Nação para o nível global.[41]

As modernas teorias e filosofias políticas e jurídicas, muitas vezes, combinam teorias, práticas, ambições avaliativas e o controverso emprego de conceitos-chave tanto em termos descritivos como em termos normativos. Conceitos abstratos, como a soberania, nação, legitimidade, justiça (*Justice*), equidade (*fairness*) e política convidam a julgamentos críticos e considerações substantivas para além do

---

[39] Para uma descrição semelhante do Direito Internacional, ver: Martti Koskenniemi, *The Gentle Civilizer of Nations: The Rise and Fall of International Law 1870-1960* (Cambridge: Cambridge University Press, 2004).

[40] Anthony Carty, "*Sovereignty in International Law: A Concept of Eternal Return*", In ed. Laura Brace and John Hoffman, *Reclaiming Sovereignty* (London: Pinter, 1997), p. 101-16.

[41] Para a distinção entre "hard" e "soft law", ver, por exemplo: Kenneth Abbott and Duncan Snidal, "*Hard and Soft Law in International Governance*", *International Organization* 54 (2000), 421-456, p. 434.

quadro analítico das ciências sociais. O fato de os conceitos de soberania e de pós-soberania estarem altamente difundidos, serem indeterminados e suscetíveis a usos metafóricos também implica dizer que esses conceitos são *eticamente sedutores*.[42] Eles são uma parte intrínseca da crença popular da "vida-como-filosofia", segundo a qual é possível mudar o mundo se você souber como descrevê-lo e encontrar as ferramentas conceituais mais persuasivas.

Os convites teóricos recentes para abandonar o conceito de soberania e para substituí-lo por um enquadramento conceptual mais adequado de Política e de Direito, que poderia melhor responder às profundas mudanças da política de "soberania em transição",[43] muitas vezes não nega seus objetivos eminentemente políticos. Eles subordinam um empreendimento científico descritivo a uma política e a uma ética prescritivas superiores. Constroem alternativas normativas para as práticas jurídicas, políticas e internacionais existentes, cânones de linguagem e, algumas vezes, coincidentes com o zelo político e com a ética de projetos humanistas tardios.[44] Os teóricos jurídicos e políticos, assim como os filósofos, pregam uma humanidade a ser resgatada da exploração econômica, dos desastres ambientais, e assim por diante, por intermédio de uma organização política e jurídica globais, assim como através de engajamento que ultrapasse os limites do Estado soberano.

No entanto, essas ideias caem em uma armadilha particularmente perigosa, a de que a teoria crítica visa à construção de hipóteses teóricas e conceitos corretos para abrir uma rota para as práticas políticas adequadas.[45] De acordo com essas correntes que integram a teoria crítica, práticas adequadas irão circularmente alimentar o processo de construção de uma teoria cada vez mais correta. A distinção absoluta do mundo como ele é e o mundo como deveria ser – esse imperativo contrafático de qualquer teoria crítica prescritiva – continua, assim, a construir sobre a semântica moderna inicial das ciências sociais como uma forma de fundação e/ou transcendência do mundo social e da

---

[42] No entanto, os adeptos da teoria crítica acusam igualmente outras teorias de terem seus elementos de "sedução". Ver especialmente um estudo desafiador de Thomas McCarthy que acusa a Teoria dos Sistemas Sociais de Luhmann de perpetrar um "imperialismo conceitual". Thomas McCarthy, *Ideals and Illusions: on reconstruction and deconstruction in contemporary critical theory* (Cambridge, Mass.: The MIT Press, 1993), p. 173.

[43] Neil Walker (ed.), *Sovereignty in Transition* (Oxford: Hart Publishing, 2003).

[44] Dentre muitos exemplos, ver, Rafael Domingo, *The New Global Law* (Cambridge, Cambridge University Press, 2010).

[45] Para as expectativas da Teoria Crítica e da Filosofia, ver, por exemplo, David Couzens Hoy and Thomas McCarthy, *Critical Theory* (Oxford: Blackwell, 1994).

observação teórica, como uma pré-condição necessária para corrigir as falhas e múltiplas formas de "alienação" neste mundo.[46]

Esse esforço "dialético" para transformar a sociedade por intermédio de uma teoria crítica e prescritiva baseia-se na ideia de uma progressão histórica e no estado desviante da condição social e política existente. Soberania do Estado e os governos nacionais devem ser substituídos por uma política global pós-soberania, por uma ética e direitos humanos cosmopolitas, pela democracia multinacional e pela governança pós-nacional, que são tratados como conceitos analíticos e projetos utópicos contrafáticos, ainda a serem alcançados por agentes políticos e jurídicos com uma pequena ajuda de seus amigos teóricos. Por exemplo, os pensamentos críticos recentemente popularizados de Hardt e de Negri foram impulsionados pelo ideal da auto-organização do povo (*multitude*) globalizado contra o poder soberano maligno do Império. Suas visões apocalípticas são informadas por uma distinção moralista entre a bondade natural do povo, da natureza maligna do Império e por uma vitória final do bem sobre o mal.[47]

2.6. Soberania como um outro "conceito contestado em sua essência"?

Soberania é um conceito teoricamente forte e constitutivo, que influencia fortemente tanto a Filosofia analítica e especulativa quanto às teorias jurídicas e políticas. No entanto, a permanência da centralidade de questões de soberania no pensamento político e jurídico modernos levanta sérias questões quanto à sua força persuasiva. Como outros conceitos da teoria social e política, a soberania interpreta o mundo já interpretado e, portanto, não pode evitar os paradoxos e as dificuldades geradas pelo círculo hermenêutico das ciências sociais modernas.[48] Os seus muitos significados, interpretações prescritivas e o elevado nível de abstração torna-o parte do que Gallie denominou de "conceitos contestados em sua essência" (*essentially contested*

---

[46] Para uma crítica do fundamentalismo da Teoria Crítica e uma indicação para sua reflexão crítica pluralista, ver: James Tully, '*Wittgenstein and Political Philosophy: Understanding Practices of Critical* Reflection', *Political Theory* 17(2) (1989), 172-204, p. 183.

[47] Para uma crítica muito perspicaz e radical sobre a falácia moralista de Hardt e Negri, ver William Rasch, *Sovereignty and Its Discontents* (London, Birkbeck University Press, 2004), p. 110-116.

[48] Hans-Georg Gadamer, *Philosophical Hermeneutics*, (Berkeley, Cal.: University of California Press, 1976), 9.

concepts),⁴⁹ os quais, frequentemente, não só geram profundas controvérsias teóricas, como, também, formam o corpo de conceitos de uma área teórica específica.

De acordo com Gallie,

> Qualquer uso particular de qualquer conceito do senso comum ou das ciências naturais é passível de ser contestado por razões melhores ou piores; porém, qualquer que seja a força das razões, os conceitos normalmente carregam uma suposição de acordo, como aquela em relação ao tipo de uso que é apropriado para o conceito em questão entre seus usuários e qualquer pessoa que conteste o uso particular dele.⁵⁰

Um grande número de conceitos gerais e abstratos, como a justiça, a democracia, a equidade e o poder, tem sido descrito dessa forma. Gallie, de maneira original, descreve-os como conceitos contestados em sua essência, cujas palavras são tipicamente gerais e vagas (indeterminadas) e que também transmitem/carregam juízos de valor. Eles são complexos, porém são definidos, usados e contestados de acordo com seus elementos constitutivos. Tais elementos constitutivos normalmente recebem pesos diferentes e são diversamente interpretados por diferentes escolas de pensamento e, assim, tornam-se uma fonte de contestações semânticas.⁵¹

De acordo com Gallie, essas disputas e contestações não possuem momentos determinados para retornar ou acontecer (*are open-ended*) e dependem de circunstâncias mutáveis.⁵² Eles são sempre uma questão de contingência social. A esse respeito, é perceptível que o autor faça uso do conceito de democracia como um exemplo de um conceito contestado em sua essência, e afirma que a meta democrática na política "será aumentada ou reduzida conforme se alterem as circunstâncias" e julgada "à luz de tais alterações".⁵³ No entanto, o resultado dessas contestações conceituais não pode nunca ser previsto e teoricamente predeterminado, assim como seria equivocado simplesmente descartar o conceito.

É fascinante ver como a noção original de Gallie sobre os conceitos contestados essencialmente tornou-se popular entre os teóricos

---

⁴⁹ Walter Bryce Gallie, '*Essentially Contested Concepts*', *Proceedings of the Aristotelian Society*. New Series 56 (1955-1956), p. 167-198.

⁵⁰ Ibid., p. 167.

⁵¹ Ibid., p. 193.

⁵² Ibid., p. 172.

⁵³ Ibid., p. 186.

jurídicos e políticos.⁵⁴ Esse conceito é utilizado agora para descrever qualquer forma de disputa conceitual e teórica e, portanto, "correu livre" e perdeu muito de sua força conceitual original.⁵⁵ No entanto, a introdução inicial de Dworkin da noção de conceitos contestados em essência no campo da teoria jurídica foi extremamente útil e substancialmente ajudou a esclarecer uma série de diferenças e problemas que surgem na teoria jurídica moderna, bem como na filosofia geral.⁵⁶ Quando Dworkin distinguiu entre a unidade de uma noção e a multiplicidade de suas possíveis instâncias, fez uso, principalmente, da diferença filosófica entre os conceitos, como noções abstratas e ideais, e as concepções, como instâncias particulares de realizações dessas noções. A distinção teórica de Dworkin entre o conceito e seus usos, assim, claramente indica uma crescente consciência entre os teóricos jurídicos e políticos a respeito da diferença entre a semântica e as estruturas de ação social e a comunicação, que é típica de uma perspectiva social teórica.⁵⁷

2.7. A evolução da soberania na política e no Direito modernos: uma breve reconceitualização histórica

Na modernidade, a soberania foi "contestada em sua essência" por muitos dos melhores estudiosos de Política e do Direito, assim como por filósofos, desde Bodin e Hobbes até Habermas e Foucault. Suas inúmeras definições e conceitualizações continuam a circular no corpo do conhecimento e do pensamento jurídico e político. A esse

---

[54] Na Teoria do Direito, ver, inicialmente, Ronald Dworkin, "*The Jurisprudence of Richard Nixon*", *The New York Review of Books*, 18(8) (May 1972), pp. 27-35; Na Teoria Política, William E. Connolly, *The Terms of Political Discourse* (Lexington, Mass.: D.C. Heath, 1974); Steven Lukes, *Power: A Radical View. Second Edition*. (Houndmills: Palgrave Macmillan, 2005), p. 110; Christine Swanton, "On the 'Essential Contestedness' of Political Concepts", *Ethics* 95(4) (1985), p. 811-827; ver, também, David Collier, Fernando Daniel Hidalgo and Andra Olivia Maciuceanu, "Essentially Contested Concepts: debates and applications", *Journal of Political Ideologies* 11(3) (2006), p. 211-246.

[55] Para uma revisão crítica, ver, especialmente, Jeremy Waldron, "Is the Rule of Law an Essentially Contested Concept (in Florida)?" *Law and Philosophy*, 21(2) (March 2002), 137-164, p. 149.

[56] Dworkin trabalhou sobre os conceitos contestados em sua essência em sua teoria sobre os "casos difíceis" e nos "conceitos interpretativos". Ver: Ronald Dworkin, *Taking Rights Seriously* (Cambridge, Mass.: Harvard University Press, 1977), p. 103; Ronald Dworkin, *Law's Empire* (London: Fontana Press, 1986), p. 45-86.

[57] Anthony Giddens, *Central Problems in Social Theory: action, structure and contradiction in social analysis* (Berkeley, CA: University of California Press, 1979), 36-42; ver, em razão de sua importância, Niklas Luhmann, *Social Systems* (Stanford, CA: Stanford University Press, 1995), p. 59 e p. 282.

respeito, as teorias críticas recentes da soberania e da pós-soberania são as mais bem tratadas como um exemplo específico de reformulação da questão tipicamente moderna da soberania no contexto de sociedades contemporâneas globalizadas, complexas e funcionalmente diferenciadas. Elas fazem, ainda, outro uso e apresentam outra contestação do conceito de soberania.

Compreender a extensão e o significado das abordagens críticas atuais à soberania, portanto, requer a análise e a contextualização da evolução da soberania moderna e de suas teorias.[58] As modernas Filosofia Política e Teoria Política consideraram a soberania como centro da arquitetura institucional da vida política. Historicamente, foi introduzida na Teoria do Estado por Jean Bodin, em resposta a uma especial luta política para a independência do Rei da França em relação ao Papa e ao Imperador do Sacro Império Romano.[59] Desde o início, a sua questão central era a supremacia do poder político sobre os outros poderes exercidos no território que se tornou o Estado francês. O tema de estudo da soberania era a arte de governar, incluindo habilidades e práticas relacionadas com o domínio do recém-estabelecido Direito Público.[60]

O conceito de soberania de Bodin já incorporou a dualidade de autoridade política e Direito.[61] A teoria de Bodin também apresentou a primeira elaboração de uma ideia de Direito Público como uma espécie de Direito Político, baseado na razão política prática.[62] No entanto, foi uma visão muito mais intrincada e complexa aquela elaborada por Thomas Hobbes, que primeiro formulou o conceito de soberano político como uma autoridade suprema capaz de restaurar a ordem política nas sociedades europeias assoladas pelas guerras civis do Século XVII.[63]

A dualidade política de segurança/obediência e a origem da unidade política garantida pelo Estado de Direito – marcas principais

---

[58] Ver, por exemplo: Michael Fowler and Julie Marie Bunck, *Law, Power and The Sovereign State: The Evolution and Application of the Concept of Sovereignty* (University Park, PA: The Pennsylvania State University Press, 1995)

[59] J. H. M. Salmon, "The Legacy of Jean Bodin: absolutism, populism, or constitutionalism?", *History of Political Thought* 17(4) (1996), 500-522, p. 507.

[60] Martin Laughlin, *The Idea of Public Law* (Oxford: Oxford University Press, 2003), p. 76.

[61] Sofia Nasstrom, "What Globalization Overshadows", *Political Theory* 31 (2003), p. 808-834, p. 815-816.

[62] John Rawls, *The Law of Peoples* (Cambridge, Mass.: Harvard University Press, (1999), p. 4.

[63] Preston King, *The Ideology of Order: A Comparative Analysis of Jean Bodin and Thomas Hobbes* (London: Allen and Unwin, 1974), p. 237-239.

da modernidade política – são originárias do conceito de soberania política elaborado por Hobbes.[64] A legalidade tornou-se a representante do contrato social entre o soberano, que garantiria a ordem civil, e seus obedientes súditos governados.[65] A unidade do poder soberano garantindo a unidade da sociedade, a sua sobrevivência e persistência. O exercício desse poder por parte do Estado moderno tanto reafirmou a existência da sociedade como a diferenciou de outras sociedades políticas através da demarcação das fronteiras territoriais do Estado.[66]

Na modernidade, a soberania significou particularmente tensões e conflitos crescentes entre tentativas de definir juridicamente a vontade política, assim como de regulá-la, e as decisões de órgãos políticos específicos. No entanto, a soberania também significou a possibilidade de incrementar a vontade política e de reforçar o poder de tomada de decisão por meios legais.[67] Além disso, a soberania teve seu valor explicativo como um conceito ligado às complexidades das tentativas modernas de legitimar os comandos políticos, a obediência e os laços cívicos entre os governados e aqueles que os governam.[68] O Estado moderno tornou-se o Estado-Nação legitimado pela soberania de seu povo.

Esse é um retrato comum da história moderna do pensamento político e de seus principais conceitos e categorias. A transformação histórica da soberania do Estado em soberania de uma nação e do Estado-Nação tem sido parte do cânone da Teoria Política e Política modernas.[69] A soberania popular, manifestando-se dentro dos limites institucionais do Estado de Direito democrático, deu origem ao constitucionalismo moderno, a todos os seus paradoxos produtivos e às diferenças entre o poder constituinte do povo e o poder constituído do Estado democrático.[70] O problema da supremacia política foi

---

[64] Brian Tamanaha, *On the Rule of Law: history, politics, theory* (Cambridge: Cambridge University Press, 2004), p. 57.

[65] Michael Edwards, *Civil Society* (Cambridge: Polity Press, 2009), p. 6-7.

[66] Alan James, "The Practice of Sovereign Statehood in Contemporary International Society," *Political Studies*, 47(3) (1999), p. 457–473.

[67] Daniel Philpott, *Revolutions in Sovereignty: how ideas shaped modern international relations* (Princeton NJ: Princeton University Press, 2001), p. 143.

[68] John Jackson, "Sovereignty-Modern: A New Approach to an Outdated Concept", *The American Journal of International Law* 97(4) (October, 2003), pp. 782-802, p. 801.

[69] Bernard Yack, "Popular Sovereignty and Nationalism", *Political Theory* 29(4) (August, 2001), p. 517-536.

[70] Martin Laughlin and Neil Walker (eds.), *The Paradox of Constitutionalism: constituent power and constitutional form* (Oxford: Oxford University Press, 2007).

acompanhado pela questão de saber se o exercício do poder soberano pode ser limitado em relação aos súditos. Enquanto algumas teorias constitucionais supõem que a própria natureza da soberania constitucional se baseia em um sistema de freios e contrapesos e de poderes limitados, outras correntes teóricas veem o poder indomável e a vontade política como uma parte intrínseca e uma marca da definição de soberania.[71] Na sociedade moderna e no Estado, a soberania, portanto, oscila continuamente entre a normatividade de uma constituição normativa e a vontade política irrestrita do soberano que comanda. A unidade da sociedade política, paradoxalmente, encontra sua expressão tanto na vontade particular do soberano político quanto na linguagem geral da legalidade construtora de seu próprio universo normativo autorreferencial.

Compreender o conceito de soberania, portanto, requer uma reflexão sobre o caráter irrestrito de vontade política do soberano e da arquitetura normativa de uma constituição. Essa semântica política e jurídica de soberania contribui, assim, para a autorreflexão e para a autoimagem da sociedade política e da sua própria autoconstitucionalização como uma política de autogoverno constitucional.[72]

2.8. A autorreferência da soberania: repensar Foucault, relendo *Leviatã*

No início da modernidade, as teorias políticas e jurídicas a respeito da soberania normalmente distinguiram entre o poder de um soberano e todas as outras formas de poder exercidas dentro do corpo político. Elas distinguiram entre o poder político de um soberano e a pluralidade de poder social exercido dentro do Estado soberano como o poder familiar, o poder espiritual, o poder econômico e comercial, e assim por diante. A relação entre um soberano e o restante da sociedade era no sentido de uma ordem transcendental do Estado e de uma ordem imanente da sociedade. A submissão à soberania consistia no fim último da soberania. O bem comum e o bem-estar – as próprias

---

[71] Para mais comentários, especialmente sobre o poder revolucionário, ver, por exemplo, Ulrich Preuss, *"Constitutional Powermaking for the New Polity: Some Deliberations on the Relations between Constituent Power and the Constitution"*, Cardozo Law Review 14 (1992-1993), 639-660, p. 643.

[72] Andrew Arato, *"Constitutionalism and the Founding of Constitutions: Carl Schmitt and the Revival of the Doctrine of the Constituent Power in the United States,"* Cardozo Law Review 21 (2000), p. 1739-1747.

finalidades da soberania – foram definidos como obediência às leis e, portanto, como nada além de submissão à soberania.

A Política moderna e o Estado como a organização particular da política, portanto, possuem uma racionalidade específica. Como Michel Foucault menciona:

> (...) o fim da soberania é o exercício da soberania. O bem é a obediência à lei, daí o bom para a soberania é que as pessoas devem obedecê-la. Esta é uma circularidade essencial; qualquer que seja a sua estrutura teórica, a justificação moral ou seus efeitos práticos, se trata muito próximo ao que Maquiavel disse quando afirmou que o objetivo principal do príncipe era para manter o seu principado. Nós sempre voltamos a esta circularidade autorreferente de soberania ou principado.[73]

É paradoxal que Foucault fosse tão perspicaz em identificar essa circularidade e autorreferência como intrínseca à racionalidade política e jurídica da soberania, e, ainda assim, insistir que a modernidade representava o fim da soberania política e do Estado de Direito. Para ele, a modernidade é definida, em vez disso, pelo controle disciplinar (*disciplinisation*) e pelo incremento do poder das normas sociais, e não por regras jurídicas.[74]

A conclusão de Foucault de que a modernidade leva ao declínio da soberania política e do Estado de Direito é ainda mais paradoxal, porque ignora todo o discurso de soberania da política moderna e a geneaologia das estratégias políticas contraditórias e subversivas de soberania popular e de soberania nacional. Lutas sociais e políticas e técnicas de inclusão/exclusão relacionadas com o conceito de uma nação soberana e soberania política não são examinadas como uma formação discursiva específica, produzindo verdade e conhecimento sobre a política moderna e a vida social.

Contrariamente às visões filosóficas de Foucault, a circularidade autorreferencial e a racionalidade sistêmica específica transformam a soberania em um dos conceitos constitutivos da modernidade política. Devido à autorreferência da soberania, é possível considerar a política moderna institucionalmente autônoma. Em razão da soberania, o poder é estabelecido como um meio de comunicação política, e a Política se torna diferenciada de outros domínios sociais como a religião, o comércio e a família. Os indivíduos estão sujeitos às leis de

---

[73] Michel Foucault, "*Governmentality*," In Michel Foucault, *Power. Essential works of Foucault 1954-1984, volume 3*. ed. James D. Faubion (London, Penguin, 2000), 201-222, p. 210.

[74] Para uma das avaliações mais criteriosas a respeito da complexa interpretação do Direito moderno de Foucault, ver François Ewald, "*Norms, Discipline, and the Law*," *Representations* 30, Special Issue: Law and the Order of Culture (Spring, 1990), p. 138-161.

um soberano apenas no sentido de submissão política, e não através do controle generalizado de fé religiosa e moral.[75]

Além disso, uma visão genealógica da soberania[76] revela sua contínua força persuasiva e as diferentes estratégias políticas associadas consigo, e, especialmente, o fato de que o conceito de soberania continua a produzir conflitos políticos e argumentos jurídicos e, portanto, representa uma forma específica de autonomia e autopoliciamento nas populações modernas que utilizam o termo "nação" como meio de autodescrição e autorreferência.

A autorreferência da soberania e da diferenciação da política em relação à sociedade já tinha encontrado uma voz poderosa e muito clara na cética filosofia nominalista de Thomas Hobbes. Ao contrário do príncipe soberano de Bodin, cujo poder absoluto consiste em "o direito de impor leis gerais sobre os súditos independentemente do seu consentimento",[77] poder que não poderia estar sujeito às suas próprias leis, o conceito de autoridade soberana de Hobbes se baseia em um acordo entre essas vontades individuais – o contrato social – como mecanismo interno fundador da sociedade política.

De acordo com Hobbes, as habilidades racionais de homens estão a serviço das paixões, ditando os fins das ações humanas. No entanto, no estado de natureza, as paixões não podem ser coordenadas e os indivíduos podem perseguir os seus interesses de forma ilimitada. A racionalidade intencional dos indivíduos conduz, assim, a uma luta permanente pela sobrevivência, segurança e recursos escassos. Essa instabilidade no estado de natureza, resultando em um caos utilitarista-individualista e numa guerra de todos contra todos, necessariamente requer um mecanismo de autorregulação para a criação de estabilidade e de segurança coletiva, em detrimento dos fins puramente individuais. Portanto, Hobbes teve que expandir o conceito de racionalidade intencional através do ato contratual de formar uma vontade racional com o outro.[78]

---

[75] Para uma típica visão da teoria social, ver Talcott Parsons, "On the Concept of Political Power", *Proceedings of the American Philosophical Society* 107(3) (June 19, 1963), 232-262, p. 235.

[76] Sobre o conceito de genealogia como um "antimétodo" de Foucault, consultar Larry Shiner, "*Reading Foucault: Anti-Method and the Genealogy of Power-Knowledge,*" *History and Theory*, 21(3) (October 1982), 382-398, p. 386-392.

[77] Jean Bodin, *Six Books of the Commonwealth* (Oxford: Blackwell, 1955), p. 32.

[78] David Gauthier, "*Hobbes's Social Contract,*" In *The Social Contract Theories: Critical Essays on Hobbes, Locke, and Rousseau*, ed. Christopher Morris (Oxford: Rowman & Littlefield, 1999), p. 59-71.

A racionalidade prática do contrato social significa uma coordenação artificial e uma regulação da conduta humana, que é a própria essência da política e da soberania política. Nesse quadro de racionalidade contratual, a soberania é considerada como uma aquisição de influência generalizada sobre o restante da sociedade – a influência originalmente exercida por todos em relação a todos os outros. Em vez de usar a fraude e a força, o contrato social faz com que a sociedade política passe a funcionar sob o fundamento da persuasão racional e de formação de consensos por meio de debates, estendendo-se do racionalismo original dos indivíduos utilitaristas para o nível de uma racionalidade política autônoma e de autorregulação, mediante o mútuo reconhecimento e consenso.[79]

O contrato social constitui uma ordem política artificial, autorreferencial e autorregulativa da *civitas*, a qual é regida pelo soberano.[80] Essa ordem política é uma unidade gerada por muitas vontades individuais. Em vez da lei divina, a natureza do homem e de sua capacidade de raciocínio e de criar consensos constituem a ordem política do soberano, que age como uma criador de normatividade (*"law-maker"*), e não um poder arbitrário. A limitação do soberano é o Estado de Direito, e a soberania torna-se um pilar central do historicamente novo conceito de política desvinculado de argumentos teológicos, a qual abandona completamente a perspectiva de legitimidade através da invocação da eternidade, e baseia-se na realidade das estruturas de comando e do exercício do poder político previamente consentido por seus súditos. Em razão da noção de soberania, a política pode ser vista como um sistema autorreferencial de regras que permanentemente busca a sua coerência interna.

2.9. Um dilema da teoria social: a integração de valor, ou autorreferência?

A filosofia de Thomas Hobbes inspirou profundamente o pensamento social, político e jurídico modernos. Por exemplo, Talcott Parsons notoriamente considerou o problema da constituição de uma ordem política legítima "o problema hobbesiano", e criticamente abor-

---

[79] Rex Martin, "*Hobbes and the Doctrine of Natural Rights: The Place of Consent in His Political Philosophy*" Western Political Quarterly 33 (1980), p. 380-392.

[80] Michael Oakeshott, *Rationalism in Politics and Other Essays* (Indianapolis IN: Liberty Fund 1991), p. 260.

dou o conceito hobbesiano de "homens" como sujeitos solitários com a capacidade de agir de forma intencional e perseguir racionalmente seus próprios interesses.[81]

Toda uma tradição sociológica é construída, assim, a partir de reflexões críticas da contestável e particular interpretação hobbesiana de soberano, a autoridade política suprema, que é externa ao restante da sociedade política, impõe sanções e garante a observância das normas legais. De acordo com essas críticas sociológicas, a externalidade do soberano e a distância do restante da sociedade realmente enfraquecem a ordem política e social. O poder do soberano não pode ser baseado unicamente no instrumentalismo coletivo de uma ordem protetora dos indivíduos contra os interesses de outros e de ações intencionais potencialmente destrutivas.

Parsons e outros teóricos sociais acreditavam que comunidade de indivíduos interessados em si mesmos – do Leviatã – sofria de uma profunda instabilidade. A ordem político-social artificial fundada no contrato para garantir a observância das normas por intermédio de sanções externas não poderia perdurar no tempo; precisava ser garantida e legitimada por uma orientação valorativa comum e pela internalização desses valores pelos membros de uma sociedade política.

No entanto, esse conceito de legitimidade política, pela interiorização de valores culturais, direcionou contra si críticas, por reduzir o complexo problema da legitimidade à conformidade com uma ética substantiva que Hobbes originalmente e de forma intransigente, eliminou da esfera pública da política. A ideia de legitimar uma ordem política através dos valores que integram o conjunto da sociedade sempre gera o risco de aquela acabar integrando a Política e o Direito, bem como tornar os procedimentos legais e políticos de tomada de decisão parte do próprio problema a respeito da conformidade ou não com os valores. Esse risco pode ser parcialmente reduzido por mais procedimentalização da ética, como o projeto de Habermas de uma ética discursiva, mas que nunca pode ser totalmente eliminado da Política e do Direito.[82]

As teorias sociais críticas da razão instrumental e do utilitarismo político de Hobbes, portanto, culminaram no problema oposto, de fundamentar os processos políticos e jurídicos através de valores

---

[81] Thomas Burger, "*Talcott Parsons: The Problem of Order in Society,*" *American Journal of Sociology* 83 (1978), p. 320.

[82] Ver, especialmente, Jürgen Habermas, *Moral Consciousness and Communicative Action* (Cambridge, MA: The MIT Press, 1990), p. 43.

culturais e morais. Inspiram-se na noção de que Leviatã representa a integração cultural máxima de uma comunidade política. No entanto, a soberania de Hobbes não se reduz à noção de Leviatã: transcende-a e constitui toda a sociedade. Hobbes não foi apenas o primeiro pensador a reunir conceitos agora familiares, como o contrato social, a natureza humana, a soberania, a unidade política, o Estado de Direito, a sociedade civil e a liberdade; criando, assim, a linguagem da modernidade política. Sua contribuição para a teoria jurídica e política da soberania foi muito mais profunda, porque ele tratava a soberania como um meio para a diferenciação funcional entre política e religião e como uma forma de fechamento sistêmico especificamente dos sistemas funcionalmente diferenciados do Direito e da Política.[83]

No moderno sistema de Direito Positivo, a soberania significa a autorreferência da comunicação jurídica. No sistema moderno da política, soberania igualmente significa os limites de qualquer tomada de decisão política e um ponto de referência para a administração burocrática, política de partido e da opinião pública comunicada através da mídia de massa. Ao contrário de referir-se à totalidade da sociedade, o conceito de soberania, sempre usado na comunicação política e jurídica, assim, refere-se exclusivamente aos sistemas de Política e/ou do Direito, excluindo semanticamente outros domínios sociais como a Ciência, a tecnologia, a Economia, a religião, e assim por diante.[84]

A soberania, portanto, precisa ser reavaliada sob a luz do processo de diferenciação funcional na sociedade moderna e na sua configuração global atual. A maior contribuição de Hobbes para a teoria social contemporânea da política e do Direito é justamente a descrição da Política como um sistema fechado, com um poder autorreferencial, como o meio de comunicação política. O poder arbitrário do estado de natureza foi substituído pelo poder legiferante do soberano, legitimado pela capacidade geral dos seres humanos de raciocinar e de realizar acordos. A soberania da obrigatoriedade do Direito (*sovereign's rule of law*) leva à diferenciação funcional do sistema do Direito Positivo e utiliza a legalidade como seu meio (seu veículo) (*its médium*). O Direito não pode operar sem o poder soberano e sua "espada da jus-

---

[83] A respeito de uma interessante observação sobre Hobbes, diferenciação funcional e Teoria dos Sistemas, ver Thomas Vesting, "*The Network Economy as a Challenge to Create New Public Law*". In *Public Governance in the Age of Globalization*, ed. Karl-Heinz Ladeur. (Aldershot: Ashgate, 2004), 247-288, p. 256.

[84] Sobre a autorreferência na Política, ver, por exemplo, Niklas Luhmann, *Political Theory in the Welfare State* (Berlin: Walter de Gruyter, 1990), p. 41.

tiça".[85] Entretanto, esse poder não pode operar sem leis (*laws*). Poder e legalidade certamente não são idênticos. Ao mesmo tempo, o poder não é hierarquicamente superior às regras de Direito, porque a capacidade operativa do poder depende da comunicação jurídica. Em vez disso, o poder e a legalidade (juridicidade) coexistem e são estruturalmente independentes um do outro.

Ao atingir esse momento de diferenciação funcional da Política e do Direito, a sociedade perde a sua simplicidade estrutural e evolui em direção às estruturas muito mais complexas da modernidade social.[86] As limitações constitucionais do poder político certamente concedem à soberania a sua forma jurídica, como o Estado de Direito (obrigatoriedade do Direito), mas também ajudam qualquer governante a atingir seus objetivos por intermédio dos meios legais. A juridicização da política e a instrumentalização política de Direito são apenas dois aspectos de um mesmo processo moderno de diferenciação funcional. A diferenciação inicial de Spinoza da legitimidade do poder do Direito (*rightful power of rule*) (*potestas*) e o poder efetivo do governo de atingir os seus objetivos (*potentia*)[87] é, portanto, plenamente concretizada na diferenciação entre a obrigatoriedade da constituição (*constitutional rule of law*) e o governo político. Além disso, esse governo na democracia moderna sempre toma a forma de um autogoverno do povo e de sua autoconstitucionalização.

A semântica de soberania é, portanto, parte de uma semântica política complexa. No entanto, é igualmente parte da semântica de autorização jurídica intrínseca ao raciocínio e à comunicação jurídicos. Necessita, portanto, ser tratada como um conceito que indica a autolimitação social do Estado democrático constitucional e do Estado de Direito (vinculatividade do Direto a todos) ("*rule of law*"), em vez de uma metáfora para a unidade, integração e homogeneidade social e cultural.

2.10. A semântica autorreferencial da soberania

A ênfase na soberania como parte da semântica política e jurídica modernas, ao contrário da imagem comum de Leviatã, como um sobe-

---

[85] Norberto Bobbio, *Thomas Hobbes and the Natural Law Tradition* (Chicago: University of Chicago Press, 1993), p. 62.

[86] Ross Harrison, *Hobbes, Locke and Confusion's Masterpiece: An Examination of Seventeenth Century Political Philosophy* (Cambridge: Cambridge University Press, 2003), p. 78.

[87] Ver, por exemplo, Gilles Deleuze, *Spinoza, practical philosophy* (San Francisco, CA: City Lights Books, 1988), p. 97.

rano que integra a totalidade da sociedade pelo poder externo de sua espada, exige explanações e conceitualizações. Leviatã foi o primeiro mito da sociedade civil fundado na ideia de soberania como uma estrutura política.[88] É compreensível que abordagens teóricas sociais mais complexas do estudo da sociedade, que abandonaram a centralidade da organização do Estado, começaram a questionar o conceito de soberania e de Leviatã como uma metáfora da sociedade integrada pelo poder político do soberano. Teorias dos Sistemas Sociais, por exemplo, descrevem a sociedade como um sistema heterárquico (*heterarchical*) e funcionalmente diferenciado, formado por diferentes subsistemas, como a política, a moral, o direito, a economia, todos autorregulados e operando simultaneamente sem qualquer ordenação hierárquica. De acordo com essas teorias, a sociedade é constituída por uma multiplicidade de redes de comunicação e uma pluralidade de subsistemas cujo funcionamento se dá de acordo com as suas operações internas, e não com base em algum valor superior de integração, de estabilidade, de coesão, ou de tessitura moral.[89]

A partir da perspectiva teórica dos sistemas autopoiéticos, a semântica política e jurídica da soberania, no entanto, pode ser reformulada como parte da autoconstitucionalização dos sistemas políticos e jurídicos e como um modo específico de sua autorreferência e autodescrição. A autodescrição do sistema político através da introdução histórica do conceito de soberania política, e a autodescrição do sistema legal, introduzindo o conceito de soberania constitucional ou autorização legal, portanto, representa a diferença entre sistema e ambiente, e não a integração política e cultural da sociedade moderna e do Estado como a sua organização central. Essa significação já pertence ao sistema como sua comunicação reflexiva e, portanto, contribui para a autorregulação do sistema.

Enquanto esse conceito continuar a ser usado por políticos, ativistas, juízes, advogados e pelo público, a soberania dificilmente pode ser tratada apenas como uma metáfora redundante, um conceito desconectado das operações da Política e do Direito globalizado.

---

[88] David Van Mill, *Liberty, Rationality, and Agency in Hobbes's Leviathan* (Albany NY: SUNY Press, 2001), p. 154.

[89] A mais proeminente é a Teoria dos Sistemas Sociais Autopoiéticos, elaborada por Niklas Luhmann. Ver, especialmente, Niklas Luhmann's *Social Systems*, e Niklas Luhmann, *Observations on Modernity* (Stanford, CA: Stanford University Press, 1998); em relação ao contexto político e jurídico, ver especialmente Günther Teubner, *Law as an Autopoietic System* (Oxford: Blackwell, 1993); Michael King and Chris Thornhill, *Niklas Luhmann's Theory of Politics and Law* (Houndmills: Palgrave Macmillan, 2006); Jiří Přibáň and David Nelken (eds.), *Law's New Boundaries: The Consequences of Legal Autopoiesis* (Aldershot: Ashgate, 2001).

Ela continua a ser uma conceitualização autorreferencial distinta dos problemas jurídicos e políticos específicos, como a Política e o Direito globais, internacionais, supranacionais (especialmente Europeus) e constitucionais, e, portanto, continua sendo parte da observação das operações jurídicas e políticas, das informações sobre as operações jurídicas e políticas e de explicações simbólicas a respeito das operações jurídicas e políticas.

O conceito de soberania é parte da autopoiese jurídica e política, porque contribui reflexivamente para a autoprodução e a automanutenção do sistema, assim como sua regulação, mesmo no mundo globalizado. A diferenciação funcional da política e do direito moderno, e sua descrição original por intermédio da metáfora do Leviatã de Hobbes, mostram que o conceito de soberania, ao contrário, demonstra um processo de geração de uma realidade e conhecimento políticos autônomos e uma concomitante realidade e conhecimento jurídicos. A filosofia de Hobbes é, portanto, um instrumento para a nossa compreensão atual de que a sociedade moderna evolui por intermédio da autorregulação de diferentes sistemas sociais, e não de uma forma centralizada de regulação política, imposta ao conjunto de toda a sociedade.

Nesse contexto, as vozes críticas que pedem o fim da soberania e anunciam a era da pós-soberania parecem ser prematuras se não mal-informadas e pensadas com base em uma crença de que uma "boa" teoria e seus conceitos pode levar a uma "melhor" sociedade e Política: dessa vez, a política de transnacionalismo, o cosmopolitismo, o globalismo e de quaisquer outros "ismos". A crítica ideológica e, muitas vezes, as funções e os interesses abertamente declarados dos projetos de uma sociedade civil global, governança transnacional e/ou constitucionalismo social, portanto, devem ser tomadas como reflexos apenas fragmentários da complexidade da sociedade global e de seus sistemas político e jurídico.[90]

A contribuição mais importante das teorias críticas da soberania e da pós-soberania é, por consequência, a sua capacidade de rejeitar a ideia de poder soberano como a capacidade para fazer cumprir a decisão final, e substituí-la por conceitualizações alternativas de Política e de Direito como sistemas sociais de permanente, múltiplos e pluralistas processos sociais de tomada de decisão. Eles efetivamente incentivam teóricos sociais, políticos e jurídicos a eliminar a semântica mais

---

[90] Ver Andreas Philippopoulos-Mihalopoulos, *Niklas Luhmann. Law, Justice, Society* (London: Routledge-GlassHouse, 2010), p. 16.

antiga de autoridade política centralizada, planejada, do controle e da hierarquia simbolizados pela soberania.

No entanto, em vez de reflexões prescritivas, inovações conceituais e especulações normativas, os conceitos de autorreprodução, autoprodução, auto-organização e autodescrições, que conjuntamente descrevem a autopoiese social, precisam ser empregados para descrever o nível de interferência e de interdependência entre as estruturas e a semântica do Direito e da Política globalizadas, bem como o fechamento sistêmico e a autopoiese deles, parte na qual se encontra a semântica autorreferencial da soberania.[91]

Os sistemas atuais de Direito e Política globalizados operam mediante o uso produtivo do paradoxo da plural coexistência de estruturas de poder e de suas conceitualizações persistentes na linguagem da soberania política e constitucional. A diferença semântica teórica entre soberania e pós-soberania, respectivamente governo (democrático) e governança (administrativa), reside sobre esse paradoxo. O Estado--Nação soberano não desapareceu na sociedade global; e contribui significativamente para a sua institucionalização política e comunicação geral.[92] <http://translate.googleusercontent.com/translate_f –_ftn90>. Os usos atuais e as críticas radicais, em vez de mostrarem que o conceito de soberania conserva forte o seu valor nominal, essencialmente contestam o caráter e uma capacidade de transformação semântica da multiplicidade social e de sua contingência na unidade fictícia da vontade operativa do sistema político, ou na autoridade legal operativa do sistema legal da sociedade global.

2.11. Considerações finais: a alternativa teórica dos sistemas sociais para os estudos de (pós)soberania

Como demonstrado pelas observações iniciais sobre os processos de europeização e globalização e de suas reflexões teóricas críticas e normativas, o paradoxo da comunicação da soberania pela simultânea negação e ênfase de sua importância, certamente clama por uma mudança metodológica e paradigmática de direção. Soberania pode

---

[91] Samantha Ashenden, "The Problem of Power in Luhmann's Systems Theory". In *Luhmann on Law and Politics: Critical Appraisals and Applications*, eds. Michael King and Chris Thornhill (Oxford: Hart Publishing, 2006), 127-144, p. 128-130.

[92] John W. Meyer, John Boli, George M. Thomas, Francisco O. Ramirez, "World Society and the Nation State," *The American Journal of Sociology*, 103(1) (July 1997), p. 144-181.

não ser a categoria mais adequada (*precise*) para analisar as estruturas de poder das sociedades contemporâneas globalizadas nacionais, subnacionais e supranacionais. No entanto, persiste semanticamente como uma ferramenta conceitual eficiente para compreender os paradoxos da globalização, em geral, e os processos supranacionais de integração social, como a europeização em particular.

Em razão de sua contínua força discursiva e do simbolismo político, o conceito de soberania pode mobilizar o público a favor ou contra determinados programas e decisões políticos. É preciso, também, questionar por que as estruturas supranacionais claramente pós-soberanas e os processos de integração, como aqueles típicos da UE ou a OMC, ainda, persistentemente, comunicam através do código de soberania do Estado. Soberania pode ser uma ficção com data marcada, que fazia parte do início da imaginação política moderna; porém as organizações políticas e jurídicas especificamente nacionais e supranacionais continuam a operar utilizando as estruturas dos Estados-Nação soberanos, e tornando-os parte de seus modos internos de governança.

Antinomias atuais, paradoxos e conflitos conceituais e contradições na área de estudos de soberania política e constitucional são a demonstração da impossibilidade de se continuar a debater as questões de soberania com as estruturas e distinções de projetos teóricos da política, do jurídico e até mesmo de uma reforma ética. No entanto, recentes teorias pós-soberania podem ser utilizadas como ponto de partida para estabelecer uma compreensão social teórica da soberania e para introduzir uma análise evolutiva das estruturas do poder político soberano moderno. Essa mudança de direção também envolve uma análise genealógica das teorias da soberania, incluindo as suas conceitualizações recentes "pós-soberanas" e reconfigurações semânticas.

A interação das estruturas sociais e da semântica torna-se, assim, um foco central para o exame da evolução política da soberania, de suas reflexões teóricas e das expectativas normativas depositadas nela. As autodescrições semânticas do Direito e da Política continuam utilizando o conceito de soberania e, assim, coincidem com as autorreproduções estruturais dos sistemas jurídico e político e contribuem tanto para a autopoiese jurídica quanto política. Ao contrário das visões tradicionais, e comumente realizadas pelas correntes influentes da jurisprudência e da teoria política,[93] estudos sobre a soberania, nes-

---

[93] A Sociologia do Direito e a sua metodologia utilizada costumam ser duramente criticadas pelas teorias jurídicas normativistas como a de Hans Kelsen. Sobre esse autor, ver especialmente,

se contexto, exigem a metodologia e as perspectivas da teoria social do Direito e da Política, o que facilita o estudo da evolução e das mudanças estruturais no Direito e na Política modernos e das mudanças semânticas concomitantes em sua conceituação no campo da teoria legal e política.

Rejeitando a noção de teoria como uma forma de observação transcendental a orientar e a corrigir a realidade social, uma perspectiva social teórica da soberania é uma forma de auto-observação imanente da Política e do Direito. Tal perspectiva é necessariamente temporal, parcial e reflete o fato de que não há um "ponto de vista externo", fundado em validade científica universal garantindo a integração social final e a legitimidade das normas sociais.

A perspectiva teórica dos sistemas sociais, consequentemente, permite novas formas de compreender a transformação da soberania moderna e de explicar a sua força persistente e persuasiva como um conceito que enfatiza as estruturas de poder da sociedade moderna. Visa, ainda, a abordar a semântica social e política de soberania formulada pelas primeiras filosofias políticas modernas que, posteriormente, tiveram um papel importante na formação das ciências sociais modernas, persistindo, ainda, a iluminar os problemas relacionados com os sistemas Político e Jurídico das contemporâneas sociedades funcionalmente diferenciadas.

Além disso, adotando a perspectiva social teórica, passa a ser possível examinar a soberania em quatro contextos diferentes – estatal, constitucional, popular e nacional. Esses contextos são significantes de quatro fenômenos sociais diferentes, denominados o *Estado*, como uma organização política tipicamente moderna; o *Direito* como a sua forma; *a democracia*, como sua regra final e legitimação; e, finalmente, a *nação*, como uma comunidade imaginada com base na autorreferência e autoconstituição de uma soberania política do Estado democrático.

O estado soberano moderno é regido por sua constituição democrática e pela imagem de uma nação soberana. Estudar a soberania, assim, necessariamente, perpassa pela análise de todos esses contextos e de suas diferenciações sistêmicas. Os quatro contextos são, em parte, definidos pela diferenciação segmentar dos Estados-Nação, como as organizações dominantes da política nacional e internacional. Mais importante, eles também são definidos pela diferenciação

---

"Eine Grundlegung des Rechtssoziologie," em Hans Kelsen e Eugen Ehrlich, *Rechtssoziologie und Rechtswissenschaft. Eine Kontroverse (1915-1917)* (Baden Baden: Nomos, 2003), p. 3-54.

funcional da Política e do Direito modernos e pela diferenciação sistêmica do poder constituinte e constitutivo da política democrática moderna. Devido a esta combinação de segmentação e de diferenciação funcional, debates sobre soberania sempre se apresentam cheios de paradoxos internos e de diferenças entre a soberania do Estado e Direito Internacional, soberanias democrática e constitucional, legitimidade popular e jurídica, ruptura política e continuidade jurídica, entre outros.

A reconceitualização sociológica da soberania como uma das muitas estruturas de poder, e parte intrínseca da semântica política e jurídica modernas, abre a possibilidade de reformular a soberania como um conceito dinâmico, com sua genealogia e história política e jurídica específicas. Em segundo lugar, uma abordagem teórica sistêmico-social torna a soberania parte da semântica de diferenciação funcional e da pluralidade social, e afeta, de modo crítico, na semântica da soberania como um símbolo da última unidade social e da integração normativa. Por fim, a soberania pode ser sociologicamente analisada no contexto de produção de funções de poder, em vez de analisá-la pela perspectiva das limitações, e em contraste com as noções de governança despolitizada, a governamentalidade biopolítica das populações e o avanço do poder disciplinar da sociedade moderna.

Perguntar pela soberania é, portanto, parte de um questionamento mais geral a respeito do poder social e de suas estruturas e operações na sociedade global contemporânea. Ao mesmo tempo, constitui uma questão semântica da comunicação social e de evolução de conceituações específicas nos sistemas jurídicos e políticos globalizados. O conceito de soberania, portanto, consiste numa das muitas conceituações e manifestações do poder na sociedade moderna que não garante a sua integração final, mas apenas facilita sua comunicação política e jurídica.

3. A questão da soberania no pluralismo jurídico global[1]

JIŘÍ PŘIBÁŇ

A questão moderna da soberania, permanentemente oscilante entre a semântica da autoridade de *iure* e as estruturas de poder *de fato*, não pode ser descartada pelas teorias do Direito e da Política globais. É necessário, ao contrário, ser reformulada para compreender plenamente as transformações das operações de poder e de autorreferência, ou autodescrição, do Direito e da Política na sociedade global. Neste capítulo, portanto, persigo o objetivo de analisar as transformações da soberania do Estado na sociedade global através da análise e reconceitualização das teorias do pluralismo jurídico global. Nas duas primeiras seções, estabelecerei conexão entre a globalização jurídica e as teorias do pluralismo jurídico, assim como discutirei especificamente as teorias de MacCormick e de Walker, a respeito do pluralismo jurídico e constitucional. Posteriormente, argumento que a dicotomia original de John Griffith, de pluralismos "fraco" e "forte", precisa ser reavaliada, pois mesmo as teorias jurisprudenciais "fracas" (*jurisprudential theories*) contêm análises sociológicas extremamente úteis a respeito da diferenciação interna e das operações de ordens jurídicas específicas, sobre a sobreposição de ordens legais, validades concorrentes (*parallel validity*), irritações e colisões estruturais em níveis subnacionais, nacionais, supranacionais e transnacionais. Na segunda metade do artigo, enfatizo as teorias mais radicais do pluralismo jurídico, criticando o próprio conceito de direito oficial do Estado, elaborando sobre a noção sociológica de "Direito Vivo", de Ehrlich, como algo que espontaneamente evolui, criando ordens normativas e regimes regulatórios. Avaliando criticamente a teoria do constitucio-

---
[1] Tradução de Gustavo André Olsson e revisão de Germano Schwartz.

nalismo social, das constituições civis e do pluralismo jurídico global de Teubner, finalmente, reformulo a questão da soberania como um problema sociológico das complexas operações de poder comunicadas através da organização do Estado constitucional e reconfiguradas no quadro jurídico e político global.

3.1. Poder constituinte e soberania na sociedade global

Para Schmitt, nenhuma norma é válida em sua forma pura e vazia, e o Estado, em um sentido lógico (no sentido jurisprudencial) e político, emerge como um espaço autônomo da linguagem política, dos conflitos, dos atos e das deliberações.[2] Por trás de sua crítica ao método sociológico, há uma preocupação mais geral sobre o ser político reduzido à mera tecnologia de administração. De acordo com Schmitt, a emancipação da sociedade em relação ao Estado, favorecido por cientistas sociais, leva à perda do "político", na luta constante de interesses econômicos e sociais dominantes. Os conflitos políticos são neutralizados pelo ideal normativo da governabilidade (*governmentality*). O Estado moderno está em risco de ser reduzido ao estado econômico (*Wirtschaftsstaat*), de uma luta incessante entre os interesses particulares. A neutralização da política pelas normas jurídicas e pelo bem-estar econômico paralisa a possibilidade de políticas performativas e a verdadeira articulação dos objetivos comuns.

As sociedades políticas contemporâneas globalizadas continuam a ser desafiadas pela questão de saber se o Direito, tanto nacional como internacional, é apenas uma máquina vazia, uma tecnologia de administração presa à lógica da repetição e de ilusão de normalidade que mascara a vida real política, cheia de poder soberano e de decisões ilimitadamente impostas por um soberano ao restante de uma comunidade política. O Direito Internacional é apenas uma racionalização do excessivo e abusivo poder estatal? Cada Estado soberano seria praticamente um pária capaz de transgredir o Direito Internacional? E, finalmente, recorrer ao terror e ao medo, justificar-se-ia pela necessidade de proteger os seus cidadãos? É possível separar a tradição clássica de liberdade e de autodeterminação política do quadro institucional da soberania política, como sugerido por pensadores cosmopolitas? E é governamentalidade, como a política da globalização, apenas mais

---

[2] Sobre essa reconciliação da Teoria de Schmitt e a política performativa ("*politics of a performative*"), ver: W. Rasch, *Sovereignty and its Discontents* (London: Birkbeck Law Press, 2005), p. 24.

um obscurantismo do caráter conflituoso da democracia, substituindo representação democrática pela administração tecnocrática?

Questões e problemas levantados pelo debate Kelsen-Schmitt ainda mantêm a sua urgência e importância na realidade política e jurídica globalizada atual. Como Jacques Derrida aponta: "Ninguém pode combater, *de frente*, toda a soberania, a soberania *em geral*, sem ameaçar, ao mesmo tempo, além da figura do Estado-Nação soberano, os princípios clássicos de liberdade e de autodeterminação".[3] A soberania é inseparável do racionalismo de Estado e do princípio da incondicionalidade (*unconditionality*). No entanto, o poder soberano do Estado moderno, para decidir sobre a limitação e sobre o direito de suspender todos os direitos e liberdades legislativamente reconhecidos, é inseparável da própria existência dos direitos civis, das liberdades políticas e do caráter democrático do Estado.

De acordo com esse ponto de vista, a soberania transgride a tecnologia do poder político, de suas discriminações e injustiças dentro dos contextos constitucionais liberais. A violência administrativa do poder soberano revela-se fiel à autodeterminação política e com a força, transformando o acordo constitucional. Soberania, assim, concede a possibilidade de uma mudança constitucional e política.

Essa tese foi defendida, em particular, por Giorgio Agamben, que, seguindo a mesma linha de argumentação de Carl Schmitt, de quase um século atrás, afirma que a soberania legal pode ser definida pela capacidade de suspender a si própria. A característica central da soberania é o seu excedente de legalidade que pode ser usado para introduzir mudanças políticas extraconstitucionais.[4] Agamben aponta um quadro sombrio da civilização ocidental contemporânea e de seus regimes democráticos liberais nos quais os cidadãos estão sempre em risco de tornar-se um *homo sacer* – uma pessoa que pode ser detida e até mesmo morta sem justificativa legal.[5] A existência política dos seres humanos não pode ser separada de sua vida quotidiana, e a exceção se torna a regra e "um paradigma de governo".[6] O estado de exceção como normalidade, ao contrário do poder extrajurídico de

---

[3] A respeito desse tema, ver J. Derrida, *Rogues: Two Essays on Reason* (Stanford, Ca.: Stanford University Press, 2005), p. 158.

[4] Ver G. Agamben, *Potentialities: Collected Essays in Philosophy* (Stanford, Ca.: Stanford University Press, 1999).

[5] G. Agamben, *Homo Sacer: Sovereign Power and Bare Life* (Stanford, Ca.: Stanford University Press, 1998), p. 71-80.

[6] G. Agamben, *State of Exception* (Chicago: The University of Chicago Press, 2005), p. 1-31.

Schmitt e da regra jurídica suprema de Kelsen, é a estrutura originária da soberania e a sua lei básica.[7]

Escritores como Agamben, Derrida ou Hardt e Negri, na tentativa de desestabilizarem os atuais acordos políticos nacionais e globais, como o caso da soberania, ultrapassam o domínio do Direito nacional e internacional. Eles exploram diferentes agências e estratégias para a transformação da Política, do Direito, da identidade e da ética. Seus objetivos principais são ditados pelo medo de que o poder constituinte de uma coletividade política possa ser limitado e fatalmente racionalizado pela legalidade formal e pelas instituições democráticas constitucionais. Eles procuram escapar da armadilha da "constituição do poder constituinte" por várias sugestões de ativismo, resistência, abertura, exposição ética para a alteridade, a reflexividade, a crítica, entre outros.

Como comenta Agamben, o poder constituinte nunca é constituído, e apela ao poder constituído para agir. O problema do poder constituinte torna-se o problema da "constituição de potencialidade".[8] No entanto, seria superficial e equivocado considerar esses tratados filosóficos, altamente estetizados e especulativos, apenas com uma adição ao discurso tipicamente moderno sobre o constitucionalismo, sobretudo quando se considera a relação entre o poder constituinte do povo como uma agência coletiva indivisível e o poder constituído, como algo construído de normas jurídicas formais, procedimentos e instituições do Estado. O argumento não é sobre o fato de o poder constituído depender de seu fundador constituinte, cuja composição e características éticas e políticas podem sempre ser questionadas e desafiadas. Ele, ao contrário, ataca o poder autorreferencial do poder constituído para construir de forma geral e exclusiva o poder político.

3.2. O autoconstitucionalismo da sociedade global

As teorias recentes sobre a ordem política global, o Estado democrático constitucional e os direitos humanos cosmopolitas, em geral, enfatizam unicamente o fato da pluralidade jurídica, política e

---

[7] G. Agamben, *Homo Sacer: Sovereign Power and Bare Life* (Stanford, Ca.: Stanford University Press, 1998)

[8] Em G. Agamben, *Homo Sacer: Sovereign Power and Bare Life* (Stanford, Ca.: Stanford University Press, 1998), 43-5, chama-se atenção para o conceito e o livro de Antonio Negri denominado *Il potere costituente: Saggio sulle alternative del moderno* (Milan: SugarCo, 1992).

ética. Um sujeito coletivo, o povo, caracteriza-se como intrinsecamente pluralista; e seus membros são considerados como alguém que desfruta de várias identidades, muitas vezes negligenciadas ou, mesmo, suprimidas pela forma constitucional existente. A sociedade torna-se apenas um outro nome para o povo soberano, e as críticas do constitucionalismo, consequentemente, passam a ser muito mais informadas, se não guiadas, pela metodologia sociológica, tão fortemente criticada por Schmitt e por Kelsen. *A multidão da sociedade substitui a unidade do poder soberano.*

As legislaturas estatais de *hard law* são ignoradas pelas redes de *soft law*, geralmente definidas como um conjunto de regras de conduta sem força jurídica vinculativa direta, mas com forte potencial de força de persuasão e de efeitos práticos.[9] A globalização traz o fim histórico da era de Westphalia, política e internacionalmente fundada no Estado-Nação.[10] Isso significa o desacoplamento entre o Estado e o Direito. Âmbitos integralmente novos de Direito global emergem sem intervenções e regulamentações estatais.[11] Os governos nacionais estão sendo substituídos por formas supranacionais e transnacionais de governança. A soberania foi além de sua forma territorial de Estado e agora é construída pelas formas multifacetadas e policêntricas de globalização.

A sociedade do mundo globalizado carece de um padrão constitucional comum e, portanto, não consegue canalizar a troca de informações entre o Direito e a Política nos mesmos termos em que realizado pelo Estado democrático constitucional. Como Niklas Luhmann apontou, "o acoplamento estrutural do sistema político e do sistema jurídico através das constituições não possui um equivalente ao nível da sociedade global".[12] O acoplamento intensivo do Estado territorial moderno com a soberania política e jurídica, parte do qual é constituído pela soberania da regra jurídica materializada pela Constituição do Estado, não tem evoluído em nível global.

Há várias respostas teóricas para esse processo de diferenciação no nível da sociedade do mundo global e do desacoplamento da soberania do Estado constitucional. A primeira é ir além dos limites do

---

[9] G. Teubner, "*Global Bukowina*': *Legal Pluralism in the World Society*', in G. Teubner (ed.), *Global Law Without a State* (Aldershot: Dartmouth, 1997), p. 3-28, p. 21. Para a definição, ver G. Snyder, '*Soft Law and Institutional Practice in the European Community*', in S. Martin (ed.), *The Construction of Europe: Essays in honour of Mile Noel* (Dordrecht: Kluwer, 1994), p.198.

[10] J. Habermas, *Time of Transitions* (Cambridge: Polity, 2006), p. 24-25.

[11] N. Luhmann, *Die Politik der Gesellschaft* (Suhrkamp: Frankfurt, 2002), p. 227.

[12] N. Luhmann, *Law as a Social System* (Oxford: Oxford University Press, 2004), p. 487-488.

Estado-Nação moderno e reafirmar uma estrutura global de soberania política capaz de contrabalançar e de responder aos desafios da globalização econômica, desastres ecológicos globais, entre tantos outros. A soberania política global desponta como uma resposta aos desafios de uma sociedade mundial globalizada.[13] Os estudiosos que defendem a criação de um quadro normativo e institucional global argumentam que uma ordem política mundial precisa desenvolver suas próprias formas de uma soberania, muito mais complexa, em suporte a uma ordem republicana cosmopolita, e contrabalançando as formas de soberania já estabelecidas pela globalização econômica.

A soberania mantém, assim, a sua centralidade política, mesmo na condição global. Os quadros internacionais existentes, incluindo o corpo de Direito Internacional, precisam ser redesenhados e utilizados como fundação do poder político global, necessário para enfrentar os desafios planetários contemporâneas, especialmente as estratégias, riscos e desastres do capital global.[14] As globais "fundações têm desenvolvido no mundo da vida de um *republicanismo cosmopolita,* centrado na liberdade do indivíduo"[15] que irá desafiar politicamente a dominância do mercado mundial e da regra epistemológica da Economia.

No entanto, as teorias da globalização também introduzem um tipo diferente de síntese em "um modelo de governança de soberania", no qual a soberania se tornou "fragmentada e distribuída através de uma série de instituições".[16] A afirmação de Michel Foucault de que a soberania era típica do Estado de monarquia absolutista e de que a modernidade criou novas formas de governabilidade baseadas no policiamento e na disciplina social,[17] inspirou respostas alternativas para a sociedade mundial global. De acordo com elas, a globalização é definida pela administração da realidade mundana rotineira, em vez de um estado global de exceção ou do exercício do poder soberano globalizado. Sistemas de governança supranacional e transnacional respondem às exigências e aos desafios da globalização econômica, política e

---

[13] D. Chalmers, '*Post-Nationalism and the Quest for Constitutinal Substitutes*' (2000) 27 *Journal of Law and Society,* p. 178.

[14] U. Beck, *Power in the Global Age: A new global political economy* (Cambridge: Polity Press 2005).

[15] U. Beck, *What Is Globalization?* (London: Polity, 2000), p. 9.

[16] K. Jayasuriya, '*Globalization, Sovereignty, and the Rule of Law: From Political to Economic Constitutionalism?*' (2001) 8 *Constellations*, 442-60, p. 445.

[17] M. Foucault, 'Governmentality' in M. Foucault *Power: Essential Works of Foucault 1954-1984, volume 3* (London: Penguin, 2002) p. 201-222; para o contexto teórico social e jurídico, ver G. Wickham and G. Pavlich (eds), *Rethinking Law, Society and Governance: Foucault's Bequest* (Oxford: Hart Publishing, 2001).

social, substituindo o sistema antiquado de cooperação dos governos nacionais soberanos.[18] Novas hegemonias de governança global, nesse sentido, serão confrontadas pela globalização contra-hegemônica da política e pela juridicidade dos movimentos sociais e das formas alternativas de governança (sem reivindicações de soberania).[19]

Governança como um modelo horizontal de autorregulação transnacional substitui o modelo governamental da soberania nacional moderno,[20] que "é de valor decrescente"[21] na nova ordem multidimensional e multinacional. Em vez do construtivismo político normativo perseguindo o objetivo de estabelecer uma soberania política global, o uso e o significado da soberania na sociedade global altamente diferenciada e policêntrica é questionado por enfatizar as ligações horizontais de diferentes formas de governança global.

De acordo com esse ponto de vista, a globalização não é unificação e centralização. Em vez disso, é tipicamente fragmentária,[22] que, a partir da perspectiva da teoria constitucional, significa que "o locus da constitucionalização está se deslocando para longe do sistema de relações internacionais para diferentes setores sociais, que estão estabelecendo constituições civis por eles mesmos".[23] Tais processos constitutivos não estão vinculados à noção de soberania política e à política institucionalizada. Regimes autoconstitucionais surgem nos domínios da sociedade civil, na ciência, na educação, na tecnologia ou na economia, de forma que se pode falar de "constitucionalismo social".[24] Em vez de formas constitutivas política e economicamente unidimensionais de soberania, diferentes subsistemas sociais se envolvem em sua autoconstituição. A sociedade mundial globalizada, consequentemente, consiste em um "pluralismo jurídico global", que

---

[18] Ver, por exemplo, E.O. Eriksen and J.E. Fossum, 'Europe at a Crossroads: Government or Transnational Governance' in C. Joerges, I.J. Sand and G. Teubner (eds), *Transnational Governance and Constitutionalism* (Oxford: Hart Publishing, 2004), p. 115-146.

[19] Ver B. De Sousa Santos e C.A. Rodriguez-Garavito (eds), *Law and Globalization from Below: Towards a Cosmopolitan Legality* (Cambridge: Cambridge University Press, 2005).

[20] J. N. Rosenau and E. O. Czempiel, *Governance without Government: order and change in world politics* (Cambridge: Cambridge University Press, 1992).

[21] N. Walker, '*Late Sovereignty in the European Union*' in N. Walker (ed.), *Sovereignty in Transition* (Oxford: Hart Publishing, 2003) 3-32, p. 29.

[22] G. Lundestad, '*Why Does Globalization Encourage Fragmentation?*' (2004) 41(2) *International Politics*, p. 265-76.

[23] A. Fischer-Lescano e G. Teubner, '*Regime-Collisions: The Vain Search for Legal Unity in the Fragmentation of Global Law*' (2004) 25 *Michigan Journal of International Law*, 999-1046, p. 1014-1015.

[24] Sobre o assunto, ver, especialmente, D. Sciulli, *Theory of Societal Constitutionalism* (Cambridge: Cambridge University Press, 1992).

é "a expressão de contradições profundas entre setores colidentes de uma sociedade global".[25]

3.3. O argumento pluralista em direção a uma compreensão sociológica da soberania globalizada e do constitucionalismo

O renascimento de perspectivas sociais teóricas e sociológicas, contraditando as teorias tradicionalmente normativistas e decisionistas da soberania popular e da democracia constitucional, indica uma mudança metodológica e paradigmática significativas. O argumento pluralista (*pluralism argument*), igualmente reforçado pelas perspectivas sociológicas, e desprezado pelas teorias decisionistas e normativistas, torna-se um ponto focal para a variedade de teorias jurídico-sociológicas, jurídico-constitucionais e gerais.[26] Isso mostra que *a soberania é pensada como uma diferenciação social*, e que seu valor nominal consiste em traduzir a contingência da multiplicidade social na unidade fictícia da vontade coletiva operante no sistema social.

A metáfora da "constituição da sociedade" representa a unidade da pluralidade social. Os sociólogos e os teóricos sociais não aceitam a ideia de que, por intermédio de uma constituição política, seja possível abranger e acolher a todos os domínios sociais, mas acatam o fato de se constituir um padrão unificador da dinâmica social e da estruturação de uma multiplicidade de subsistemas sociais altamente diferenciados. Por exemplo, Edward Shils sustenta que toda a sociedade é constituída por uma gama de sociedades. Valores, poder, recursos econômicos e recompensas são assimetricamente distribuídos entre o centro gerador e a periferia que os recebe, que é diferenciada ela mesma.[27] A constituição de uma sociedade, por conseguinte, pode ser construída como uma comunicação e uma diferenciação estrutural permanentes entre o seu centro e a sua periferia, sendo que qualquer valor consensual constituído pelo centro possui apenas uma validade limitada. Da mesma forma, Anthony Giddens afirma que os constrangimentos estruturais sobre a ação humana, embora eles sempre

---

[25] A. Fischer-Lescano e G. Teubner, '*Regime Collisions: The Vain Search for Legal Unity in the Fragmentation of Global Law*' (2004) 25(4) *Michigan Journal of International Law*, 999-1046, p. 1004.

[26] O conceito de pluralismo jurídico também é criticado por estudiosos do Direito. Ver, por exemplo, S. Roberts, '*Against Legal Pluralism: Some Reflections on the Contemporary Enlargement of the Legal Domain*' (1998) 42 *Journal of Legal Pluralism & Unofficial Law*, p. 95-106.

[27] E. Shils, *The Constitution of Society* (Chicago: The University of Chicago Press, 1972), p. 59.

operem através de motivos e razões, muitas vezes, difusas e complexas nas pessoas, são características institucionalizadas dos sistemas sociais diferenciados, que se estendem ao longo do tempo e do espaço.[28] Diferenciação e organização sociais são os objetos das autorrestrições operativas.

O argumento epistemológico da pluralidade e da diversidade social é, muitas vezes, adotado por teorias políticas normativas para fortalecer várias formas de políticas de identidade e de reconhecimento. Ao contrário do constitucionalismo estatal homogeneizado, teorias impulsionadas pela lógica da diversidade enfatizam o papel das "constituições ocultas"[29] nas sociedades contemporâneas, pluralistas e culturalmente fragmentadas. As distinções sociológicas clássicas de Direito oficial/não oficial, *law in books/law in action* ou de Direito legislado/Direito vivo, assim, alcançam o *status* problemático de um solo normativo que modela o argumento político contra o constitucionalismo liberal, reformulando as convenções democráticas de reconhecimento social, o consenso político, a identidade cultural e a continuidade de uma sociedade organizada constitucionalmente (*constitutional polity*).

No entanto, os paradoxos da soberania do Estado e do constitucionalismo, em qualquer fase na evolução da sociedade moderna, dificilmente podem ser resolvidos por respostas normativas e opções morais e políticas "corretas". Em vez disso, necessitam ser acomodados e, depois, expandidos por um construtivismo epistemológico.[30] Radicalizando a perspectiva social construtivista, podemos lembrar uma reivindicação inicial da teoria dos sistemas autopoiéticos: "Não evite paradoxos; faça um uso produtivo deles!".[31] Considerando essa virada teórica e metodológica, os paradoxos da soberania podem se tornar uma fonte de operacionalidade e de acoplamento estrutural entre a Política e o Direito modernos.

A noção de soberania como a incondicional, absoluta e poder supremo imposto a uma comunidade política sempre foi, especialmente, uma abstração (*fiction*) pública e internacional. Epistemologicamente, considerando a perspectiva bodiniana de Estado-Nação europeu mo-

---

[28] A. Giddens, *The Constitution of Society: Outline of the Theory of Structuration* (Berkeley, Ca.: University of California Press, 982) 174-85, p. 310.

[29] J. Tully, *Constitutionalism in an Age of Diversity* (Cambridge: Cambridge University Press, 1995), p. 99.

[30] G. Teubner, 'How the Law thinks: Toward a Constructivist Epistemology of Law' (1989) 23(5) *Law & Society Review*, p. 727-757.

[31] Ibid., p. 736.

derno, a ficção serviu adequadamente às operações e à autorregulação da ordem jurídica internacional nos últimos três séculos. No entanto, se a globalização representa a diferenciação funcional da sociedade moderna em escala mundial,[32] é possível ver como os novos acoplamentos e irritações estruturais emergem entre a política e o Direito em nível global e como os conceitos e padrões de comunicação estabelecidos pelas sociedades organizadas em Estados-Nação, como a soberania, constitucionalismo e democracia, evoluem para suas formas globais. Ao contrário das tradições intelectuais hobbesiana, bodiniana e schmittiana, a soberania pode ser compartilhada e dividida e, assim, reproduzir a pluralidade social e a comunicação horizontal entre os diferentes sistemas sociais. A soberania (*sovereignty*), como poder incondicional, pode ser localizada em diversos outros corpos políticos além do Estado.[33] Ela se estende para além do Estado-Nação e é transferida (*"gets devolved"*) conjuntamente com os limites do Estado-Nação.

A proteção do Estado contra outros estados não é mais a principal função da soberania. Em vez disso, a soberania do Estado funciona como uma outra forma de organização social em nível global, nacional e regional. O uso do constitucionalismo, da soberania e da deliberação democrática se estendem para além das fronteiras das sociedades políticas. O objetivo do constitucionalismo democrático e da deliberação está localizado no meio ambiente dessas sociedades e na vida sustentável das gerações futuras.[34] Nesse sentido, disposições constitucionais passam a ser esperadas com a intenção de contribuir para a proteção dos seres humanos, do ambiente humano e da vida em geral. Autoridades do Estado são acusadas de melhorar o processo de deliberação pública e agir no interesse do ambiente natural. O paradoxo político da soberania como a vontade ilimitada exercida no domínio de um poder limitado torna-se reformulado e repensado na situação política atual como um problema de soberania ambiental, espacial e temporal, da sociedade contemporânea.

Soberania não tem um lugar social exclusivo e é sistematicamente dividida de acordo com a constitucionalização de diferentes sistemas sociais globalizados. O conceito, cada vez mais popular, de

---

[32] N. Luhmann, *Die Gesellschaft der Gesellschaft. Erster Band.* (Frankfurt: Suhrkamp, 1998), p. 157.

[33] N. MacCormick, '*Sovereignty, Democracy and Subsidiarity*', in R. Bellamy, V. Bufacchi and D. Castigliione (eds), *Democracy and Constitutional Culture in the Union of Europe* (London: Lothian Foundation, 1995).

[34] *Ver*, por exemplo, K.S. Ekeli, '*Green Constitutionalism: The Constitutional Protection of Future Generations*' (2007) 20(3) *Ratio Juris*, p. 378-401.

pluralismo constitucional, nesse sentido, precisa ser cuidadosamente analisado, considerando o suporte da noção mais geral de pluralismo social e de pluralismo dos subsistemas sociais da sociedade global, tais como a Economia, a tecnologia ou o conhecimento. A dissolução das fronteiras, uma vez claramente definidas entre o Estado nacional territorial e o domínio da Política e do Direito internacionais, impulsiona desenvolvimentos supranacionais e transnacionais que exigem a adoção de um conceito *dinâmico* de soberania,[35] não só dividido entre os diferentes sistemas de governança, mas também adaptado a processos dinâmicos de mudança social.

Soberania é, consequentemente, vista como uma rede de processos e atividades dinâmicas, exercidas em diversos contextos sociais; diferentemente de um conjunto de instituições e normas. Sua contingência cresce junto com sua capacidade operativa. O caráter dinâmico da soberania, sua capacidade de operar em diferentes arranjos institucionais e a mudança no ambiente social significam um movimento constitucionalista para-além-da-soberania do Estado, e a compreensão das constituições políticas como, antes de tudo, constituições *sociais*.

3.4. A soberania nacional *versus* a pluralidade global: observações preliminares sobre o pluralismo social e jurídico

O conceito de pluralismo jurídico, muitas vezes, significa a ausência de soberania. Teorias do pluralismo jurídico são comumente percebidas como críticas do próprio conceito de soberania, porque a pluralidade de ordens jurídicas e de regimes indica a ausência de uma regra última de reconhecimento ou de uma norma básica. Elas são igualmente críticas do Direito estatal como uma ordem jurídica suprema, apoiada na deliberação e na tomada de decisão políticas, além de enfatizarem o papel das ordens jurídicas não estatais, agentes e organizações. As perspectivas pluralistas foram adotadas pela jurisprudência (*jurisprudence*) dominante, e o discurso do pluralismo jurídico é, assim, atualmente, típico da diferenciação entre o "fraco" conceito jurídico de pluralismo jurídico, desenhado sobre os sistemas jurídicos

---

[35] Essa mudança paradigmática precede o atual processo de globalização e já havia sido típica da filosofia jurídica e política da primeira metade do século XX. Ver: J. Marshall, *Swords and Symbols: The Technique of Sovereignty* (Oxford: Oxford University Press, 1939).

do Estado, e o conceito "forte" do pluralismo jurídico, com base na sociologia e nas perspectivas antropológicas do Direito.[36]

A recente popularidade, a grande variedade e as inovações conceituais das teorias legais e constitucionais do pluralismo, muitas vezes, levam à ritualização acadêmica e à banalização do próprio conceito de pluralismo. Na verdade, os debates recentes a respeito do pluralismo jurídico normalmente replicam uma série de argumentos fundamentais e polêmicas relacionadas aos problemas de metodologia teórica do Direito, discutidas na primeira metade do século XX por Kelsen, Schmitt, Heller, Smend, Erhlich e outros juristas. Da mesma forma, as conceituações do Direito Público sobre a soberania, como a transformação do poder/*potentia* para a autoridade/*potestas*, são profundamente inspiradas e amplamente discutidas na distinção entre poder e dominação de Weber.

Atuais debates teóricos jurídicos, geralmente, continuam a ser iluminados pela estrutura triádica de "vontade" *(Wollen)*, "norma" *(Sollen)*, e "fato" *(Sein)*. É fascinante ver como algumas diferenças conceituais clássicas estão sendo reinventadas e reconceitualizadas no contexto da sociedade global contemporânea, em sua Política e no Direito. Além dos conceitos de soberania política, de constitucionalismo e de Estado-Nação, as diferenciações sociológicas tipicamente modernas de Estado/sociedade civil, de sociedade/comunidade e de Direito vivo/Direito dos juristas encontram os seus usos específicos em teorias recentes de pluralismo jurídico, de Direito não estatal e de constitucionalismo social. A metodologia sociológica dos estudos de pluralismo jurídico oferece, assim, possíveis formas de melhorar a nossa compreensão sobre soberania política e jurídica na era da globalização.

Ordens jurídicas transnacionais e supranacionais persuasivamente demonstram a dificuldade de identificar a noção de sociedade com o conceito de sociedade nacional, assim como a noção de um sistema legal com o sistema jurídico do Estado-Nação. Os processos atuais de juridicização e de constitucionalização dos diferentes setores da sociedade global, dessa forma, precisam ser conceituados como múltiplas formas de autorreferência do Direito globalizado, em vez de autoidentificação e de constituição política de um governo global e de uma ética cosmopolita. No entanto, as fragmentações políticas e jurídicas e o surgimento de diferentes setores do Direito transnacio-

---

[36] J. Griffith, 'What is Legal Pluralism?' (1986) 24 *Journal of legal pluralism and Unofficial law*, pp. 1-55, p. 5-8.

nal não devem ser considerados como estruturas democraticamente ilegítimas, que se assemelham a acordos políticos autocráticos pré-modernos, ou ao mais recente exemplo daquilo que Jeremy Bentham descreveu como "falácias anárquicas"[37] do Direito, que não seria comandado pelo soberano político, mas que estaria fundado em generalizações apressadas e em proposições abstratas suscetíveis ao abuso moral e político. Em vez disso, o pluralismo jurídico global envolve processos simultâneos de fragmentação e de constitucionalização, que fazem parte da autorreferência e da autopoiese de Direito globalizado.

Em *Política como Vocação,* Max Weber fez uma distinção muito conhecida entre responsabilidade política geral e convicções éticas particulares, advertindo contra os efeitos destrutivos das exigências éticas absolutistas sobre Política.[38] De acordo com ele, as exigências éticas são plurais: diferentes noções de vida boa tipicamente conflitam no seio da sociedade moderna, e "qualquer pessoa que não perceba isso é, de fato, apenas uma criança em questões políticas".[39]

Recordando essa noção de pluralidade da ética moderna, os teóricos políticos e sociais afirmam que a pluralidade de padrões culturais, práticas e valores, bem como os conflitos entre eles e suas transformações, sempre fizeram parte da experiência social moderna. A modernidade envolveu um maior nível de homogeneidade cultural e a secularização das culturas e cultos religiosos; porém não levou a um maior nível de unidade cultural.[40] O recente destaque da pluralidade cultural e social, portanto, representa construções meramente prescritivas da realidade social, baseando-se fortemente em noções essencialistas de cultura e de sociedade.

Steven Lukes, por exemplo, sugere que o valor do pluralismo seja um sinal típico da sociedade moderna e uma parte intrínseca da vida humana, reconhecida pelos filósofos liberais muito antes de suas reformulações essencialistas, no sentido de diversas políticas de identidade coletiva e de teorias de multiculturalismo. Ele comenta que "As muitas visões de culturas como monólitos sociais, com limites

---

[37] J. Bentham, *'Anarchical Fallacies'*, in *The Works of Jeremy Bentham*, v. II (*edited by* J. Bowring) (Tait, Edinburgh, 1843), p. 491–524.

[38] M. Weber, *'Politics as Vocation'*, in *The Vocation Lectures* (Indianapolis, Hackett Publishing, 2004), p. 32-94, p. 82.

[39] Ibid., p. 86.

[40] Ver, Moore, *'The Production of Cultural Pluralism as a Process'* (1989) 1(2) *Public Culture,* p. 26-48; R. Robertson, *'Glocalization: Time-Space and Homogeneity-Heterogeneity'*, in M. Featherstone, SM. Lash and R. Robertson (ed.), *Global Modernities* (London, Sage, 1995), p. 25-44, p. 36-40.

bem definidos, é um ponto de vista de grupos interessados, de antropólogos 'de fora' e de criadores de mitos 'de dentro'".[41]

De acordo com esses pontos de vista críticos, a heterogeneidade e a diversidade das diferentes culturas que emergem, desaparecem, coexistentes e conflitam em nível global. É, portanto, apenas mais um exemplo da pluralidade de valores da modernidade e das concepções de vida boa, que não são facilmente convertidas em uma política viável ou um projeto jurídico. Falar em pluralidade da cultura global e da sociedade é apenas dizer o óbvio, e fazer uso do conceito de cultura e/ou de sociedade como uma metáfora para a unidade.

No entanto, a complexidade e a pluralidade dos sistemas funcionalmente diferenciados na sociedade global atual significa uma questão profundamente distante de projetos ideológicos, preocupados com as identidades políticas e com o pluralismo jurídico e político essencialistas, assim como com as denominações de diferentes "culturas". A sociedade global consiste em uma pluralidade de sociedades e comunidades específicas globalizadas, que estão ligadas pela racionalidade estruturalmente plural, porém global, de sistemas sociais funcionais como Economia, Direito, Política, Educação, Ciência, somente para enumerar. Essa pluralidade e diferenciação funcional dos sistemas sociais globalizados são muito mais importantes e refletem muito melhor os recentes desenvolvimentos sociais, diferentemente da pluralidade cultural simples, sempre vivenciada, e existente até mesmo no mundo pré-moderno.[42]

Mudanças culturais, sociais e tecnológicas globais têm levado ao surgimento de novas formas de comunicação social, redes e estruturas, ultrapassando as hierarquias tipicamente modernas e o estabelecimento do Estado-Nação, da soberania popular, do poder constitucional e do autogoverno democrático. Observando a pluralidade sistêmica e a diferenciação funcional no contexto jurídico e político, passa a ser possível afirmar, preliminarmente, que as estruturas do Direito e da Política globalizados não replicam as hierarquias e a centralidade simbólica do Estado-Nação, sua soberania e a base normativa constitucional.

---

[41] Lukes, *Moral Relativism* (London, Profile Books, 2008), p. 105. Lukes argumenta que é necessário distinguir entre o fato social de uma pluralidade e o pluralismo como sua reflexão teórica daquele que, além de observações científicas de pluralidade (antropólogos e cientistas sociais), pode envolver expectativas normativas e projetos prescritivos de vida em uma sociedade pluralista (criadora de mitos atuais de política de identidade).

[42] N. Luhmann, "*Globalization or World Society: How to conceive of modern society?*" (1997) 7(1) *International Review of Sociology*, p. 67-79.

O Estado-Nação, como organização política, continua a ser importante, embora não seja o ponto central e último da autorreferência no sistema político global. A responsabilidade democrática permanece arraigada em níveis estatais e subnacionais (locais, regionais). No entanto, a ligação tipicamente moderna entre o Estado-Nação, a soberania popular e o constitucionalismo, que costumava ser visto como a solução jurídica e política final, é radicalmente desafiada por estruturas jurídicas e políticas, redes e semântica globais.[43]

No entanto, embora a globalização econômica tenha levado ao declínio da soberania econômica nacional e enfraquecido os instrumentos econômicos de regulação dos governos nacionais, a globalização política não resultou no mesmo nível e nas mesmas formas de construção institucional, de governança e de autorregulação como a globalização econômica. Embora possa parecer lógico que a evolução do sistema econômico global deva coincidir com a evolução de um sistema político mundial de semelhante complexidade, um governo democrático global de valores cosmopolitas[44] continua a ser apenas um projeto utópico, enquanto eleitores e cidadãos persistentemente associarem responsabilidade política a seus políticos nacionais e com eles se identificarem. Os tratados internacionais de direitos humanos podem ser considerados um meio para a globalização do Direito, para a unificação das constituições dos estados e para a sua submissão a uma interpretação superior juridicamente vinculante;[45] porém, a democracia cosmopolita, os direitos humanos e uma constituição política global continuam a parecer mais como uma utopia legalista e menos como um projeto viável para uma sociedade global politicamente pluralista e socialmente fragmentada.

Teorias do pluralismo jurídico são céticas em relação a um "monismo rasteiro" (*creeping monism*)[46] no Direito Internacional em geral, e nos direitos humanos em particular. Essas tendências monistas são descritas como apenas um dos muitos paradoxos e contradições do Direito globalizado atual, constituindo, simultaneamente, a sua unidade conceitual e estrutural e a pluralidade. Por exemplo, a capaci-

---

[43] S. Sassen, "*Globalization and Its Discontents: Essays on the New Mobility of People and Money*" (New York, The New Press, 1998).

[44] D. Held, *Democracy and the Global Order: from the Modern State to Cosmopolitan Governance* (Stanford, Cal., Stanford University Press, 1995), p. 267-283.

[45] J. Habermas, '*The Constitutionalization of International Law and the Legitimation Problems of a Constitution for World Society*' (2008) 15(4) Constellations, p. 444-455, p.448-449.

[46] M. Waters, '*Creeping Monism: The Judicial Trend toward Interpretive Incorporation of Human Rights Treaties*' (2007) 107 Columbia Law Review, p. 628-705.

dade operativa do sistema transnacional de direitos humanos para estabelecer sua unidade interna não pode traduzir-se em unidade constitucional e política em uma sociedade transnacional fundamentada nas estruturas heterárquicas de diferentes ordenamentos jurídicos e políticos.[47]

3.5. A globalização, o Estado soberano e o pluralismo do Direito transnacional

Apesar de muitas diferenças, alguns temas foram comuns a todas as teorias do pluralismo jurídico, e a observação de que "O pluralismo jurídico diz respeito à ideia de que mais de um sistema legal opere em uma única unidade política"[48] pode ser tomada como o entendimento mínimo e comum de pluralismo jurídico. Teorias do pluralismo jurídico em geral criticam o conceito de Direito como uma ordem normativa sancionada pelo monopólio do Estado sobre a violência política. Enquanto perspectivas monistas procuram uma especificação clara de autoridade legal e as regras de validade jurídica, correntes pluralistas afirmam que essas especificações são impossíveis na presença de sistemas jurídicos que operem em um mesmo ambiente social. Esses são especialmente críticos do centralismo jurídico estatal, que consideram o Direito oficial como a única forma efetivamente jurídica, aplicável a todas as pessoas e administrada por instituições estatais. Eles criticam o individualismo metodológico e o instrumentalismo, e assumem o monopólio normativo do Estado como falha típica das teorias do centralismo legal estatal.[49] Refletindo sobre os paradoxos e as contradições da globalização jurídica, Roger Cotterrell, por exemplo, observa:

> O presente que a globalização concede ao Direito, no momento, é um alto grau de caos jurídico e de fundações indeterminadas de autoridades reguladoras em muitos campos transnacionais. Direito transnacional é um trabalho em andamento, sem uma norma básica ou regra de reconhecimento, sem um sistema de regras no sentido de

---

[47] N. MacCormick, *'Questioning Sovereignty: Law, State and Nation in the European Commonwealth'* (Oxford, Oxford University Press, 2002), p. 128.

[48] B. de Sousa Santos, *'Towards a New Legal Common Sense'*. 2. ed. (London, Butterworths, 2002), p. 89.

[49] Ver, por exemplo, J. Griffiths, *'Legal Pluralism and the Theory of Legislation: With Special Reference to the Regulation of Euthanasia'*, in H. Petersen and H. Zahle (eds) *Legal Polycentricity: Consequences of Pluralism in Law* (Aldershot, Dartmouth, 1998), 201-234, p. 206.

Hart, sem a normativa Kelseniana, ou qualquer outro modelo jurídico de unidade e de autoridade.[50]

A pluralidade de Direitos na sociedade global, portanto, constitui uma realidade legal altamente contestada, não limitada pelas estruturas constitucionais e pelo simbolismo típico do Estado-Nação moderno,[51] muitas vezes impulsionada pelas exigências normativas específicas de setores jurídicos não estatais.[52]

Para alguns estudiosos, como Sousa Santos, os desafios da pluralidade jurídica convocam para um radical repensar da semântica do Estado constitucional moderno e do sistema interestatal e internacional de Política e Direito modernos. Em vez de considerar o Estado moderno a unidade política e jurídica natural, o desacoplamento do Estado e do Direito moderno na sociedade global supostamente exige um novo paradigma e uma nova semântica de transformação social e política – "um novo senso comum jurídico".[53]

Com a perda, pelo Estado moderno, do seu monopólio sobre o Direito, é possível reacoplar-se o conceito de Direito com diversas organizações não estatais e políticas de natureza estatal, presentes na sociedade global.[54] <http://translate.googleusercontent.com/translate_f#_ftn53>. O Estado supostamente se adapta ao movimento social, acomodando a legalidade (de oposição) de diferentes sistemas políticos que desafiam, "de baixo"[55] para cima, as novas hegemonias globais. De acordo com esta visão revolucionária,

> (...) estamos ingressando em um período de transição paradigmática da sociabilidade moderna em direção a uma nova sociabilidade pós-moderna (...) o que dá origem a novos perigos, riscos e inseguranças, mas, também, maiores oportunidades para a inovação, a criatividade e a escolha moral.[56]

---

[50] R. Cotterrell, *'Transnational Communities and the Concept of Law'* (2008) 21 *Ratio Juris*, 1-18, p. 9.

[51] D. Nelken, *'An Email from Global Bukowina'* (2007) 3(3) *International Journal of Law in Context*, p. 189-202.

[52] M. Delmas-Marty: *Ordering Pluralism. A Conceptual Framework for Understanding the Transnational Legal World* (Oxford, Hart Publishing, 2009).

[53] B. de Sousa Santos, *Towards a New Legal Common Sense*. 2nd edition. (London, Butterworths, 2002).

[54] Ibid., p. 85-98.

[55] Ver, por exemplo, B. de Sousa Santos e C. A. Rodriguez-Garavito (ed.), *Law and Globalization from Below: Towards a Cosmopolitan Legality* (Cambridge, Cambridge University Press, 2005).

[56] B. de Sousa Santos, *Towards a New Legal Common Sense*. 2nd edition. (London, Butterworths, 2002), p. 83.

O paradigma do pluralismo jurídico é considerado parte dessa completa revisão semântica da teoria jurídica e política e, também, um aparente potencial de oposição na sociedade do mundo globalizado.

O pluralismo jurídico global evolui principalmente através de sistemas jurídicos transnacionais, totalmente independentes do Estado-Nação ou de sistemas jurídicos supranacionais e de organizações, limitando e transformando significativamente os poderes existentes e a soberania constitucional dos seus Estados-Membros.[57] Teorias do pluralismo jurídico, portanto, desafiam a ideia de ser o Direito do Estado moderno uma forma dominante de regulação jurídica, contrastando-o com ordens e sistemas jurídicos não estatais, paralelos e supostamente mais eficazes.[58] <http://translate.googleusercontent.com/translate_f–_ftn57>. A evolução do pluralismo jurídico global e do constitucionalismo sem a soberania estatal indica a necessidade de ir além das imagens e do simbolismo da sociedade nacional, política e culturalmente integrada, passando a fazer uso da semântica da soberania constitucional e popular como a sua autodescrição e os direitos humanos como o seu fundamento moral.[59]

Além disso, mudanças estruturais no Direito contemporâneo levaram a uma série de reconceitualizações acadêmicas e, até mesmo, a rejeições radicais do próprio conceito de Direito Internacional como um domínio estabelecido e controlado por Estados soberanos. O pluralismo jurídico da sociedade global coincide, assim, com conceituações não ortodoxas, como a "constitucionalização sem Estado",[60] o "Constitucionalismo pós-constituinte",[61] "a legalidade cosmopolita subalterna",[62] entre outros. Os conceitos pré-modernos e os do início da modernidade, como *consociationalism* e de multiplicidade de jurisdições, foram redesenhados para lidar com a complexidade de nos-

---

[57] Ver, por exemplo, G. Teubner, 'The Two Faces of Janus: Rethinking Legal Pluralism' (1992) 13 Cardozo Law Review, p. 1443-1462.

[58] F. von Benda-Beckmann, 'Who Is Afraid of Legal Pluralism?' (2002) 47 Journal of legal pluralism and Unofficial law, 37-82, p. 63-65.

[59] G. Teubner, Constitutional Fragments: Societal Constitutionalism and Globalization (Oxford, Oxford University Press, 2012), p. 60-63.

[60] G. Teubner, 'Societal Constitutionalism: Alternatives to State-Centred Constitutional Theory?' in C. Joerges, I. J. Sand e G. Teubner (ed.) Transnational Governance and Constitutionalism (Oxford, Hart Publishing, 2004), 3-28, p. 7.

[61] N. Walker, 'Post-Constituent Constitutionalism? The Case of the European Union' in M. Laughlin and N. Walker (ed.), The Paradox of Constitutionalism: Constituent Power and Constitutional Form (Oxford, Oxford University Press, 2007), p. 247-267.

[62] B. de Sousa Santos, Towards a New Legal Common Sense. 2nd edition. (London, Butterworths, 2002), p. 458-471.

sas sociedades pós-modernas e pós-nacionais globalizadas.[63] A noção moderna de constitucionalismo democrático, fundada no poder constituinte (a soberania suprema e a autoconstituição do povo), depara-se com evoluções de setores não estatais da sociedade global pedindo pela autoconstitucionalização da sua regulamentação legal.

Embora as organizações supranacionais, a exemplo da União Europeia, tendam a estabelecer suas hierarquias específicas, como afirmações monistas de supremacia normativa e uma única regra de reconhecimento, determinando sua relação com outras ordens jurídicas (estados-membro) que operam no mesmo campo, as definições jurídicas transnacionais reconhecem diferentes ordenamentos jurídicos e seus critérios específicos de validade sem procurar hierarquias lógicas e uma autoridade geral.[64] Ao contrário dos conceitos de Direito e Política supranacionais, que persistem acomodando algumas hierarquias e relações assimétricas típicas do Direito nacional e internacional, e elastecem-nas ainda mais pela limitação da soberania do Estado, o Direito transnacional representa a condição de pluralismo jurídico na qual o Estado-Nação e seus sistemas legais realizam muito mais uma função específica que uma função constitutiva.[65]

3.6. Existe um governo soberano para as constituições transnacionais? Um caso de pluralismo constitucional na União Europeia

À luz dessas genealogias teóricas, reconceitualizações, inovações e diversos usos políticos e de significados prescritivos, é que há importância em se estabelecerem os principais contextos históricos e políticos, assim como as críticas intelectuais das teorias do pluralismo jurídico; os aspectos específicos da pluralidade legal e constitucional abordados por eles, e as diferenças teóricas mais significativas emergentes dos estudos contemporâneos a respeito do pluralismo legal e constitucional.

---

[63] Para uma discussão crítica, ver N. Krisch, *Beyond Constitutionalism: The Pluralist Structure of Postnational Law* (Oxford, Oxford University Press, 2010), p. 61-66.

[64] M. Delmas-Marty, *Ordering Pluralism: A Conceptual Framework for Understanding the Transnational Legal World* (Oxford, Hart Publishing, 2009).

[65] P. Zumbansen, 'Transnational Legal Pluralism' (2010) 10(2) *Transnational Legal Theory*, p. 141-189.

Na União Europeia, o pluralismo jurídico é imediatamente associado com o pluralismo constitucional e com os conflitos que surgem entre as instituições políticas e jurídicas europeias e do Estado-Membro. A autonomia do sistema de Direito europeu e os seus Princípios de Supremacia e de Efeito Direto (adjudicado pelo Tribunal de Justiça Europeu) historicamente contribuíram para a forte crença de que a norma fundamental (*basic norm*) do Direito da União Europeia seria superior às normas fundamentais dos respectivos sistemas constitucionais dos Estados-Membros. No entanto, a supremacia da norma básica da União Europeia foi posteriormente contestada pelos tribunais constitucionais dos Estados-Membros, sob a fundamentação de que as normas básicas de cada Estado, assim como sua soberania constitucional, permaneceram inalteradas pela integração jurídica europeia. A União Europeia evoluiu, assim, para um modelo pluralista híbrido, contrariando a concepção monista de uma exclusiva norma básica, mas, igualmente, estendendo-se muito além do âmbito das teorias dualistas do Direito internacional.[66]

Por exemplo, a noção de uma "constituição transnacional", paradoxalmente, nasceu da visão federalista supranacional de um Estado europeu e se baseou no monismo jurídico europeu e na supremacia da norma básica europeia. O conceito de uma "constituição transnacional" da União Europeia foi cunhado por Eric Stein para significar o aumento da juridicização da União Europeia e de sua estrutura política hierárquica de "tipo federal".[67] É a ideia de que a Europa "precisa de uma constituição",[68] originada a partir de uma crença na supremacia política e jurídica das estruturas, nos processos de tomada de decisões e nas operações de instituições europeias. A constituição e a sua autoridade reforçariam a legitimidade da integração europeia.[69] <http://translate.googleusercontent.com/translate_f–_ftn68>, mas, também, abririam mais espaço para essa "cada vez mais estreita" União.[70] No entanto, o significado atual do Direito transnacional e do

---

[66] Ver, por exemplo, M. Borowski, '*Legal Pluralism in the European Union*', in A. J. Menendez e J.E. Fossum (ed.), *Law and Democracy in Neil MacCormick's Legal and Political Theory: The Post-Sovereign Constellation* (Dordrecht, Springer, 2011), p. 185-210, p. 189.

[67] E. Stein, '*Lawyers, Judges, and the Making of a Transnational Constitution*' (1981) 75 *American Journal of International Law*, p. 1-27.

[68] J. Habermas, 'Does Europe Need a Constitution?' in J. Habermas, *Time of Transitions* (Cambridge, Polity Press, 2006), p. 89-109.

[69] M. Maduro, '*The Importance of Being Called a Constitution: Constitutional authority and the authority of constitutionalism*' (2005) 3 *International Journal of Constitutional Law*, p. 332-56.

[70] G. F. Mancini 'The Making of a Constitution for Europe' (1989) 26 *Common Market Law Review*, p. 595-614.

constitucionalismo está associado principalmente à ideia de pluralismo jurídico e político e à impossibilidade de se estabelecer uma norma básica suprema para governar todos os subsistemas jurídicos que operam em nível transnacional.

O debate constitucional europeu ilumina os principais desafios do pluralismo constitucional porque o sistema de Direito da União Europeia desafia diretamente as teorias do monismo constitucional. Os Estados-Nação já não são os centros últimos da autoridade constitucional, e o processo de integração europeia sempre foi desenvolvido para além dos limites tradicionais de Direito Internacional, de forma que constrói seu próprio âmbito constitucional. No entanto, as aspirações constitucionais e a imaginação da União Europeia recentes são compatíveis com a regulamentação constitucional, com as aspirações e com a imaginação dos seus Estados-Membros. Embora os Estados-Membros sejam significativamente limitados como entidades soberanas, são garantidos pelo poder superior dentro de seu território por intermédio do princípio autorreferencial da supremacia do Direito europeu no que se refere a questões europeias. Assim, os mesmos Estados também continuam a exercer a sua soberania, tanto dentro como fora das instituições da União Europeia. O paradoxo específico soberania da União Europeia pode ser formulado como "soberania manifestando-se por suas próprias limitações".[71]

O conceito de *soberania dividida* (*"divided sovereignty"*) tornou-se um importante ponto de referência em debates sobre a criação de uma Constituição Europeia e uma maior integração política e jurídica. A soberania dividida substitui a teoria monista Kelsenina de validade e de criação de normas a partir de uma epistemologia construída sobre a noção de diferença, clivagens, fraturas sociais e a multiplicidade de comunicação social. Modelos explicativos hierárquicos, como o dilema *Kompetenz der Kompetenz*, interpretado pelo Tribunal Constitucional alemão por intermédio da linguagem de homogeneidade constitucional e política e sobre a soberania popular,[72] são certamente importantes para as operações internas dos sistemas constitucionais nacionais e de sua relação com o sistema de Direito europeu. No entanto, essas explicações sobre as fundações do Direito Constitucional

---

[71] Ver, por exemplo, M.H.M. de Bonth, *'Sovereignty Revisited'* in A. Schrauwen (ed.), *Flexibility in Constitutions: Forms of closer cooperation in federal and non-federal settings; post Nice edition* (Groningen: Europa Law Publishing, 2002) p. 97-105, p. 101.

[72] J. H. H. Weiler, *'In defence of the status quo: Europe's constitutional Sonderweg'*, J. H. H. Weiler e M. Wind (ed.), *European Constitutionalism Beyond the State* (Cambridge: Cambridge University Press, 2003), p. 7-23.

e de sua legitimidade são de pouca utilidade para a compreensão do caráter autorregulatório do sistema de Direito europeu. Da mesma forma, as intenções de construção de um Estado Europeu[73] e de constitucionalização do princípio da supremacia da jurisdição da Corte Europeia de Justiça [ECJ] sobre os tribunais constitucionais nacionais,[74] dificilmente podem resultar no estabelecimento de um sistema constitucional europeu monista, porque o princípio que impõe o respeito dos sistemas constitucionais nacionais é garantido pelo próprio corpo da legislação europeia.[75]

Ao observar-se a direção que a ECJ toma, no sentido da constitucionalização do Direito europeu, e o aumento da diversificação das reações nacionais em relação a esse delineamento, como a "decisão de Maastricht" do Tribunal Constitucional Alemão,[76] a "decisão de Maastricht" do Supremo Tribunal Dinamarquês,[77] ou o recente acórdão da decisão da Suprema Corte da Estônia em favor da supremacia do Direito Comunitário sobre a Constituição da Estônia,[78] é possível enxergar relações horizontais e heterárquicas, ao invés de relações verticais e hierárquicas entre os Estados-Membros e os sistemas jurídicos e políticos da União Europeia. A soberania constitucional dividida não resulta em paralisia das instituições políticas ou jurídicas, ou em ar-

---

[73] G. F. Mancini, *Democracy and Constitutionalism in the European Union* (Oxford: Hart Publishing, 2000) p. 51-66.

[74] Ver, E. Claes, *The National Courts' Mandate in the European Constitution* (Oxford: Hart Publishing 2006) p. 723-4, p. 730-3.

[75] Veja-se a incorporação do artigo 4°, par. 2, no Tratado Reformador, no qual se pode ler: "A União respeita a igualdade dos Estados-Membros perante os Tratados, bem como a sua respectiva identidade nacional, inerente em suas estruturas fundamanetais, políticas e constitucionais, inclusive no que se refere ao autogoverno local e regional". Citado nas conclusões da Presidência do Conselho da União Europeia 11177/1/07 REV 1, Bruxelas, 20 de Julho de 2007, p. 26.

[76] *Brunner and others v. The European Union Treaty,['Maastricht decision']* BVerfG decision, 2 BvR 2134/92 and 2 BvR 2159/92 of 11 January 1994, [1994] 1 EuR 95, [1994] CMLR 57.

[77] *Hanne Norup Carlsen and others v. Prime Minister Poul Nyrup Rasmussen, ['Maastricht' decision]* of 6 April 1998, Ugeskrift for Retsvaesen H 800 [1999] 3 CMLR 854.

[78] Julgamento Constitucional do Supremo Tribunal da Estônia sobre a interpretação da Constituição, n° 3-4-1-3-06. Na parte II, par. 16, a Câmara de Revisão Constitucional decidiu que: "para se verificar, qual parte da Constituição é aplicável, ela tem que ser interpretada em conjunto com o Direito da União Europeia, que se tornou vinculativo para a Estônia através do Tratado de Adesão. Com isso, apenas uma parte da Constituição é aplicável, aquela que está em conformidade com o Direito da União Europeia ou que regula as relações que não são regulados pela legislação da União Europeia. O efeito dessas disposições da Constituição que não são compatíveis com o Direito da União Europeia e, portanto, são inaplicáveis, está suspenso. Isto significa que dentro das esferas, de competência exclusiva da União Europeia ou onde existe uma competência partilhada com a União Europeia, o Direito da União Europeia é aplicável no caso de um conflito entre a legislação da Estônia, incluindo a Constituição, com o Direito da União Europeia". Ver: <http://www.nc.ee/?id=663>.

bitrariedade nas tomadas de decisão; mas, ao contrário, reafirma-se como uma grande força operativa dos sistemas comunitários de Política e de Direito supranacionais. É válida internamente e comunicada exclusivamente no interior dos sistemas de Direito e da Política europeia.

Diferentes conceitos e metáforas foram desenvolvidos para lidar com as divisões, as fraturas e as complexidades do corpo do Direito europeu e de seu contexto constitucional. Unidade significa diversidade, integração significa diferenciação, e assim por diante. Dentro do sistema jurídico, o princípio da supremacia do Direito europeu é inseparável dos princípios da proporcionalidade, da subsidiariedade e da autocontenção ("*self-containment*").[79] <http://translate.googleusercontent.com/translate_f-_ftn78>. A elaboração de uma Constituição Europeia envolve tanto "a construção dinâmica do Estado", questionando as práticas regulatórias supranacionais existentes da União Europeia,[80] <http://translate.googleusercontent.com/translate_f-_ftn79> como o princípio da mútua "tolerância constitucional"[81] entre o Direito da União Europeia e os sistemas constitucionais e jurídicos nacionais e das culturas. Como observou Weiler, nem Kelsen ou Schmitt são de alguma utilidade no contexto do Direito da União Europeia, porque o constitucionalismo europeu não pode ser modelado a partir de uma criação centrada no Estado. É simplesmente único, original e difícil de entendê-lo na linguagem da teoria constitucional convencional – é *Sonderweg*.[82]

O constitucionalismo europeu é mais bem abordado como forma de construtivismo social.[83] <http://translate.googleusercontent.com/translate_f-_ftn82>. Os Estados-Nação e as noções centradas na soberania do Estado foram fundamentalmente transformados durante o processo de integração econômica, política e jurídica europeia.

---

[79] Ver, por exemplo, T. Trimidas, *The General Principles of EU Law* (Oxford: Oxford University Press, 2006); ver, também, A. Estella, *The EU Principle of Subsidiarity and its Critique* (Oxford: Oxford University Press, 2002).

[80] N. Walker, '*Europe's Constitutional Engagement*' (2005) 18(3) *Ratio Juris*, 387-399, p. 394.

[81] J. H. H. Weiler, '*In defence of the status quo: Europe's constitutional Sonderweg*', J. H. H. Weiler e M. Wind (ed.), *European Constitutionalism Beyond the State* (Cambridge: Cambridge University Press, 2003), p. 15.

[82] Ibid., p. 15.

[83] Esse construtivismo vai muito além da noção de engenharia social e muitas vezes se baseia em modelos sociais evolutivos. Ver, por exemplo, T. Christiansen, K. E. Joergensen e A. Wiener (ed.), *The Social Construction of Europe* (London: Sage, 2001) and J. Shaw e A. Wiener (ed.), *Evolving Norms of Constitutionalism: Special Issue of European Law Journal* (2003) 9(1) *European Law Journal*.

A interdependência das economias nacionais, mercados de trabalho, políticas de segurança, culturas políticas, bem-estar social, assim como as migrações, levaram a uma política europeia para além da soberania do Estado. O "argumento da soberania", com base no pressuposto de que a ordem constitucional e jurídica só pode funcionar se legitimada por uma comunidade política unitária, de um *demos*, é questionada pelo fato de que o corpo da legislação europeia foi moldado na forma do "constitucionalismo prático",[84] ao longo de décadas e sem qualquer recurso ao princípio da soberania democrática. Ao contrário do Estado-Nação soberano, a União Europeia é formada pela coexistência "plurinacional" de muitas nações e nacionalidades, com e sem um Estado, que constrói uma série de ordens normativas interligadas e desfruta do exercício do pluralismo cultural, político e constitucional.[85]

3.7. O Constitucionalismo europeu como *juristenrecht*

A ideia de "constitucionalismo europeu na prática" significa, especialmente, a ausência de uma constituição real e a existência de um processo de criação constitucional por outros meios.[86] A história do constitucionalismo europeu é a história social de uma utopia jurídica perseguida desde as primeiras fases da integração europeia, por um grupo muito específico de juristas e, mais notadamente por juízes e advogados-gerais (*advocate-generals*) da ECJ, especialistas em Direito da Comissão Europeia e do Conselho de Ministros, assessores jurídicos de governos nacionais e pelos teóricos do Direito da União Europeia. A estratégia de despolitização da integração europeia, por intermédio de uma legalização e constitucionalização, levou ao surgimento de uma polêmica jurisprudência europeia, legitimando um "constitucionalismo sem uma constituição".[87]

A impossibilidade de se alcançar uma Constituição Europeia em 1950[88] levou à constitucionalização gradual do Direito europeu, rea-

---

[84] J. Přibáň, *European Union Constitution-Making, Political Identity and Central European Reflections*' (2005) 11(2) *European Law Journal*, p. 135-153, p. 146.

[85] S. Tierney, *Constitutional Law and National Pluralism* (Oxford: Oxford University Press, 2004).

[86] A. Cohen, '*Constitutionalism Without Constitution: Transnational Elites Between Political Mobilization and Legal Expertise in the Making of a Constitution for Europe* (1940s-1960s) 32(1) *Law & Social Inquiry* (2007) p. 109-35, p. 112.

[87] Ibid, p. 112.

[88] Sobre os estágios iniciais do Constitucionalismo Europeu, ver R.T. Griffiths, *Europe's First Constitution: The European Political Community, 1952-1954* (London: Federal Trust, 2000).

lizada pela Corte de Justiça Europeia. O ato político de construção de uma constituição e a construção de uma Europa federalizada foram substituídos pela troca de uma constitucionalização política por questões jurídico-técnicas. Desde a decisão histórica do caso *Costa versus ENEL*, assim como o entendimento da Corte de que o Tratado de Roma tem "a natureza de uma constituição real",[89] a jurisprudência da União Europeia foi construída sobre a ficção legal de considerar o tratado "como se fosse uma constituição".[90] A ficção inclui a suposição de que os Estados-Membros "limitaram os seus direitos soberanos, ainda que em domínios restritos"[91] e que essa limitação é permanente.[92]

Os fracassos políticos na construção de uma constituição da década de 1950 foram substituídos pela constitucionalização da política, perpetrada pelo ECJ, em meados dos anos 1960. No entanto, a aplicação dos Princípios da Supremacia e do Efeito Direto do Direito europeu pela Corte não devem ser entendidos "apenas como a tradução de uma mobilização política para a linguagem do Direito, mas também como a expressão jurídica da autonomização social de um corpo especializado de juristas".[93] A diferenciação da Política e do Direito europeus, assim como a evolução da auto-organização e da autorreferência do corpo jurídico europeu, modificam o "foco de análise do tipo de regime político em direção a práticas sociais".[94]

Em grande medida, a heterarquia do Direito europeu tem evoluído através de múltiplos canais diferenciados de "direito dos juristas" (*lawyers' law*) ou *Juristenrecht*[95] – a lei promulgada, interpretada e comunicada por juristas europeus, como grupos sociais com diferentes ideologia constitucional, práticas e pautas políticas. O conceito sociológico de *Juristenrecht*, introduzido na ciência jurídica por um dos pais fundadores da Sociologia do Direito, Eugen Ehrlich, apreende a complexidade do constitucionalismo europeu, especialmente no que

---

[89] *Costa v. Enel* CJCE 1964, p. 1178.

[90] E. Stein, '*Toward Supremacy of Treaty-Constituiton by Judicial Fiat: On the Margin of the Costa Case*' (1965) 63(3) *Michigan Law Review*, p. 491-518, p. 513. A respeito da citação, ver A. Cohen, p. 126-7.

[91] Case 26/62 *Van Gend en Loos* [1963] ECR 1.

[92] Case 6/64 *Costa v. ENEL* [1964] ECR 585.

[93] A. Cohen, '*Constitutionalism Without Constitution: Transnational Elites Between Political Mobilization and Legal Expertise in the Making of a Constitution for Europe* (1940s-1960s) 32(1) *Law & Social Inquiry* (2007) p. 109-35, p. 128.

[94] A. Wiener, '*Editorial: Evolving Norms of Constitutionalism*' (2003) 9 (1) *European Law Journal*, p. 1-13, p. 3.

[95] Sobre essa observação, ver M. Aziz, *The Impact of European Rights on National Legal Cultures* (Oxford: Hart Publishing 2004) p. 17.

tange à sua dependência dos conhecimentos profissionais específicos de certos grupos, suas técnicas de tomada de decisão e sua capacidade de operar além do corpo do direito legislado.[96]

Aplicando os conceitos de soberania dividida e de tolerância constitucional no âmbito judicial, a prática de "diálogo judicial"[97] entre os tribunais constitucionais nacionais e a ECJ foi incorporada pela jurisprudência europeia. Isso ecoou no "caso Maastricht", no qual o Tribunal Constitucional alemão denominou de "relação de cooperação"[98] entre o ECJ e os tribunais nacionais. A cooperação entre os juízes europeus e nacionais acabou por ser benéfica para ambos os grupos, porque, de modo geral, ampliou a influência das cortes em âmbito europeu e no âmbito da política dos Estados-Membros, tornando-os instituições centrais na construção de um estado de Direito na Europa pós-nacional.[99]

O método jurídico necessariamente eleva os juízes ao patamar de um grupo profissional atuante nos sistemas políticos, no âmbito da União Europeia e no dos Estados-Membros. No entanto, o próprio conceito de diálogo também demonstra a natureza dinâmica conflitiva e, muitas vezes, contraditória, da relação entre o ECJ e as cortes constitucionais nacionais. Como comenta Miriam Aziz: "O cabo-de-guerra jurisdicional que tem persistido entre o ECJ e os tribunais constitucionais dos Estados-Membros serve para ilustrar o tamanho do esforço pelo qual os juristas lutam para ter a última palavra no que se refere ao *locus* da autoridade suprema".[100] No entanto, os juízes nacionais e europeus têm interesses políticos e profissionais comuns, e o seu cabo de guerra reforça o processo de juridicização da Política europeia.

Na União Europeia, há uma série de autoridades reivindicando soberania constitucional e exigindo ter o poder de decisão final.[101]

---

[96] E. Ehrlich, *Fundamental Principles of the Sociology of Law* (New York: Arno Press, 1975, orig. published in 1936).

[97] Ver, A. M. Slaughter, A. Stone Sweet e J. H. H. Weiler (ed.), *The European Court and National Courts: Doctrine and Jurisprudence. Legal Change in its Social Context* (Oxford: Hart Publishing, 1998).

[98] Para a discussão sobre o conceito de "relação de cooperação", ver C. Joerges, 'The Law in the Process of Constitutionalizing Europe' in E. O. Eriksen, J.E. Fossum and A.J. Menendez (ed.), *Constitutin-Making and Democratic Legitimacy, Arena Report 5/2002* (Oslo: Arena, 2002) p. 13-48.

[99] K. Alter, *Establishing the supremacy of European Law: the making of an international rule of law in Europe* (Oxford: Oxford University Press 2001) p. 209-32.

[100] M. Aziz, *The Impact of European Rights on National Legal Cultures* (Oxford: Hart Publishing 2004)

[101] M. Aziz, 'Sovereignty Lost, Sovereignty Regained? The European Integration Project and the Bundesverfassungsgericht' 9 *Columbia Journal of European Law* (2002) p. 109.

A dinâmica conflitivo-jurisdicional deriva, na verdade, da impossibilidade de se determinar de forma vinculativa e final quem tem a autoridade final e a competência para decidir sobre a aplicabilidade do Direito da União Europeia. Isso demonstra de forma persuasiva o poder operativo da soberania dividida. Essa crise aparente, de fato, revela como o sistema jurídico europeu produz suas operações internas e sua autorregulação. Os juízes do topo das hierarquias nacionais e europeias, assim como as elites jurídicas, ainda lutam, sem o apoio de qualquer orientação legal clara, para responder à pergunta: quem seria o árbitro final? Possuem, no entanto, o conhecimento evidente de que o conflito, de fato, constitui as operações do domínio constitucional da União Europeia e coloco-as em movimento.

O paradigma do Direito como ordem hierárquica normativa não fornece respostas favoráveis, quer para os juízes do ECJ, quer para os juízes integrantes das cortes constitucionais nacionais. As operações sistêmicas do Direito da União Europeia ultrapassam os limites das noções kelsenianas e/ou schmittianas do Direito e da soberania, sendo necessário aplicar a noção sociojurídica de *Juristenrecht* a fim de compreender a dinâmica interna de pluralidade e de direcionamento socioconflitivo do constitucionalismo da União Europeia.

3.8. O pluralismo constitucional europeu de normas básicas

Como MacCormick comentou, antes do fracasso da criação de uma constituição da União Europeia:

> Onde há uma pluralidade de ordens normativas institucionais, cada uma com uma constituição funcional (pelo menos no sentido de um conjunto de normas de ordem superior que estabelecem e condicionam os poderes governamentais relevantes), é possível que cada uma reconheça a legitimidade de todas as outras dentro de sua própria esfera, enquanto nenhuma afirme ou reconheça uma superioridade constitucional sobre as outras.[102]

Em vez de depender da vontade de um soberano constitucional, os sistemas transnacionais e supranacionais, como os da União Europeia, constituem a sua estabilidade através de uma rede múltipla de instituições, práticas legais e constitucionais de cooperação e resolução de conflitos.[103]

---

[102] N. MacCormick, *Questioning Sovereignty: Law, State and Nation in the European Commonwealth* (Oxford, Oxford University Press, 2002), p. 104.

[103] Ibid., p. 119.

Embora o conceito de pluralismo constitucional evolua originalmente como uma reflexão teórica específica e uma avaliação positiva do processo de criação de uma constituição europeia,[104] ele também acabou por ser um modelo útil para explicar o fracasso da criação de uma constituição para a União e a semântica do monismo jurídico europeu, dominante do discurso político e jurisprudencial europeu até os anos 1990. Ele é capaz de reavaliar criticamente os grandes princípios e as operações do Direito da União Europeia, assim como sua relação com os sistemas jurídicos dos Estados-Membros, uma relação cheia de colisões estruturais e semânticas, de cooperação e de contestações.

No contexto do Direito europeu, a ideia teórica do pluralismo constitucional foi elaborada, em particular, por Neil Walker, que respondeu aos desafios e aos riscos de contestações permanentes, conflitos, atritos e fragmentação relacionados com a comunicação entre os sistemas jurídicos nacionais e o Direito europeu. Walker estava consciente das complexidades levantadas pela recente popularidade do discurso constitucionalista e de seu contexto transnacional pós-Westphaliano. Para ele, como para uma série de outros estudiosos, o pluralismo constitucional liberta o discurso das limitações das imagens centradas no Estado e dos quadros institucionais do constitucionalismo. Entre outras observações, ele critica o discurso atual do constitucionalismo, especialmente pelos seus "estado-centrismo", "fetichismo constitucional", que permeia o imaginário político, "viés normativo" e a sua "exploração ideológica".[105] Walker, posteriormente, argumentou em favor de uma pluralidade de sítios constitucionais e de estruturas heterárquicas para o Direito transnacional. No que se refere ao Direito europeu, ele afirma que:

> (...) é o Direito União Europeia que representa o teste desafio-paradigma mais urgente para o que poderíamos chamar de monismo constitucional. Monismo Constitucional concede apenas um rótulo para a suposta definição do constitucionalismo na era Westphaliana (...) que os únicos centros ou unidades de autoridade constitucional são os Estados. O pluralismo constitucional, ao contrário, reconhece que a ordem europeia, inaugurada pelo Tratado de Roma, desenvolveu, para além dos limites tradicionais do Direito inter-*nacional* ["*inter-nacional*"], agora faz suas próprias reivindicações constitucionais independentes, e que essas reivindicações coexistem com as reivindicações

---

[104] A publicação do artigo de Walker ("*The Idea of Constitutional Pluralism*") coincide com as deliberações da Convenção Europeia e inclui uma análise particularmente detalhada a respeito do Direito e da Política da União Europeia.

[105] N. Walker, '*The Idea of Constitutional Pluralism*' (2002) 65(3), *Modern Law Review*, p. 317-359, p. 319.

de continuidade dos Estados. A relação entre as ordens, por assim dizer, é agora horizontalizada, ao invés de verticalizada; é heterárquica, e não hierárquica.[106]

No entanto, o leitor não deve se distrair com o uso que Walker faz da linguagem da teoria social, no sentido de descrever a heterarquia dos sistemas sociais funcionalmente diferenciados, uma vez que o projeto de "pluralismo constitucional em desenvolvimento"[107] envolve uma série de pensamentos prescritivos e ideias de constitucionalismo político.

Na teoria do pluralismo constitucional de Walker, há mais continuidade do que descontinuidade em relação ao discurso constitucional moderno. Mesmo reconhecendo fenômenos constitucionais que não são politicamente limitados (*polity-bound*), especialmente a governança, os critérios sociais e os processos de constitucionalismo, Walker faz uma pergunta crucial:

> Se regimes governamentais ["*polities*"] dentro de uma ordem multidimensional podem ser setorial ou funcionalmente delimitados, quão longe essas limitações podem ser permitidas, sem prejudicar a própria ideia de um governo constitucional ["*constitutional polity*"]?[108]

Enfrentando pressões subnacionais, supranacionais e transnacionais, a posição superior e oficial do Direito estatal está cada vez mais relativizada e contextualizada como parte da regulamentação jurídica global. De acordo com Walker, esse desenvolvimento social, no entanto, não pode evitar a questão persistente de que as comunidades são representadas por essas redes jurídicas transnacionais e pelos sistemas constitucionais. Walker ressalta o problema político da constituição de um governo (*polity*), assim como os limites ao processo de constitucionalização sem um governo. Para ele, o constitucionalismo fica dissociado da estatalidade e da soberania do Estado, mas igualmente continua a refletir sobre a primeira condição política – a condição ligada aos aspectos comuns a todos (*commonality*).

A busca pelo "comum" nas Políticas e no Direito pluralistas encontra a sua expressão nas respectivas noções de cidadania, governo e constitucionalismo, os quais, de acordo com Walker, "pré-datam o Estado Moderno",[109] mas também estabelecem limites para a diferenciação funcional dos sítios constitucionais não governamentais e de

---

[106] N. Walker, '*The Idea of Constitutional Pluralism*' (2002) 65(3), *Modern Law Review*, p. 317-359, p. 337.

[107] Ibid., p. 339.

[108] Ibid., p. 347.

[109] Ibid., p. 350.

sua autoridade particular. A ideia do pluralismo constitucional como uma pluralidade de unidades, posteriormente, traduz-se na ideia de "metaconstitucionalismo",[110] sem uma metaconstituição fixa, mas com um novo quadro de processos de negociação abertos entre diferentes autoridades constitucionais, de aprendizagem mútua, de diálogo e de experimentação cruzada.[111]

A teoria do pluralismo constitucional de Walker continua a ser, principalmente, um projeto político que procura formas pós-nacionais e globais de deliberação política, resolução de conflitos, negociação e imaginação. Está aberta para os processos de governança despolitizada e autorreflexões da sociedade, para além do Estado e do governo. No entanto, percebe todos esses processos como parte de uma dinâmica constitucional sem fim, que possui uma dimensão política de regulação e de direção da nossa pós-Westphaliana e pós-estatal comunidade política globalizada, na Europa e em outros lugares.

3.9. Um conto sobre dois pluralismos: o pluralismo jurisprudencial "fraco" do Direito oficial, sua crítica radical e a perspectiva sociológica

As teorias complexas do pluralismo constitucional, de MacCormick e de Walker, e a contextualização delas na União Europeia mostram que as recentes teorias de pluralismo jurídico e constitucional envolvem uma grande variedade de conceituações jurisprudenciais convencionais a respeito do fato básico de uma pluralidade de ordens jurídicas e políticas na condição global.[112] Essas teorias jurisprudenciais de pluralismo jurídico reconhecem a existência de diferentes ordenamentos jurídicos e de regras últimas de reconhecimento que não se comunicam umas com as outras em termos de hierarquia e de uma supremacia estabelecida através de um processo baseado em uma regra superior.[113] Em vez de uma ideal regra jurídica geral, limitando politicamente e controlando o poder, a condição pluralista legal tipifica

---

[110] N. Walker, 'The Idea of Constitutional Pluralism' (2002) 65(3), *Modern Law Review*, p. 317-359, p. 357.

[111] Ibid., p. 359.

[112] N. K. Tsagourias (ed), *Transnational Constitutionalism: International and European Perspectives* (Cambridge, Cambridge University Press, 2007).

[113] M. Kumm 'Who is the Final Arbiter of Constitutionality in Europe?: Three Conceptions of the Relationship Between the German Federal Constitutional Court and the European Court of Justice' (1999) 36(2) *Common Market Law Review*, p. 351-386.

a ausência de uma hierarquia jurídica e a presença de contestações e confrontos permanentes entre as forças políticas, promovendo argumentos e interpretações jurídicos cada vez mais persuasivos.[114]

Ao contrário do conceito sociológico de pluralismo jurídico, justapondo a unidade das socialmente limitadas (se não marginal) leis oficiais com a pluralidade de ordens normativas sociais efetivamente reconhecidas; conceitualizações jurisprudenciais do pluralismo legal e/ou constitucional, construídas sobre a ausência de autoridade legal e a impossibilidade de conciliar reivindicações conflitantes com ela por diferentes ordens jurídicas oficiais que operam no mesmo contexto.[115] As operações dessas ordens jurídicas oficiais precisam ser coordenadas, sem qualquer subordinação, porque cada uma delas se preserva e se mantém cuidadosamente a partir da autorreferência a sua norma básica ou a sua regra de reconhecimento.[116]

Para os pluralistas que constroem seus modelos sobre um conceito muito mais radical de pluralismo, esse seria um pluralismo "fraco", considerado teoricamente sem importância, por causa de sua dependência em relação ao conceito de lei estatal oficial e dos modelos convencionais de cooperação adjudicativa (*adjudicative*).[117] A diferença entre o pluralismo "fraco" e o "forte" (ou "radical"), estabelecido por John Griffith e outros sociólogos e antropólogos do Direito, certamente contribuiu para destacar as diferenças metodológicas entre a Sociologia e a Jurisprudência (*jurisprudence*) do âmbito do pluralismo legal. São estritamente diversos os estudos do pluralismo jurídico em relação à Jurisprudência Analítica e ao Positivismo Sociológico, que exploram o Direito não oficial e/ou o Direito Vivo, destacando-os do positivismo legal e do legalista, delimitados pelo estudo das regras oficialmente sancionadas.[118] Entretanto, o tom combativo inicial de Griffith e sua crítica radical a respeito do pluralismo jurídico também, posteriormente, obscureceram o valor sociológico e a inspiração da jurisprudência do pluralismo legal, especialmente em sua análise a

---

[114] E. Mellisaris, *Ubiquitous Law: Legal Theory and the Space for Legal Pluralism* (Aldershot, Ashgate, 2009), p. 27-43.

[115] K. Lenaerts, 'Interlocking Legal Orders in the European Union and Comparative Law' (2003) 52(4) *International and Comparative Law Quarterly*, p. 873-906.

[116] P. S. Berman, *Global Legal Pluralism: A Jurisprudence of Law Beyond Borders* (Cambridge, Cambridge University Press, 2012).

[117] Sobre o pluralismo "fraco" ou "forte", ver J. Griffith, 'What is Legal Pluralism?' (1986) 24 *Journal of Legal Pluralism and Unofficial Law*, p. 1-55, p. 5-8.

[118] A. Griffith, 'Legal Pluralism' in R. Banakar e M. Travers (ed.), *An Introduction to Law and Social Theory* (Oxford, Hart Publishing 2002), p. 289-310.

respeito das estruturas jurídicas paralelas e dos conflitos jurisprudenciais no contexto de um, ainda mais geral, constitucionalismo, a conter e a neutralizar os conflitos e as colisões sociais,[119] ou as redes e estruturas de governança social.[120]

A visão jurisprudencial "fraca" e as percepções pluralistas antropológicas ou sociológicas "fortes" do Direito são, de fato, informadas pela metodologia das ciências sociais.[121] Batalhas jurisprudenciais geralmente incluem percepções inspiradas na Sociologia, sobretudo em relação às operações internas dos sistemas legais pluralistas, transnacionais e supranacionais, e sobre diferentes maneiras de preservar a sua unidade semântica e a operacionalidade institucional. Elas, muitas vezes, apresentam reflexões fascinantes sobre as transformações recentes e, em particular, a diferenciação funcional dos sistemas jurídicos e sua semântica, desde suas estruturas, semântica da política até a soberania política.

Ao contrário de enfatizar a lógica da normatividade jurídica e sua prioridade sobre a vontade política e os fatos sociais, as teorias jurisprudenciais do pluralismo legal destacam a *contingência* da interação existente entre diferentes sistemas normativos legais e as colisões entre eles, exigindo uma versão mais ou menos radical do pluralismo legal.[122] Ao fazer essas afirmações, visualizações jurisprudenciais contemporâneas são, muitas vezes, profundamente influenciadas pela metodologia "radical" das ciências sociais como a tese de MacCormick a respeito do Direito "além do estado soberano"[123] e sua modificação crítica posterior, "questionando pós-soberania".[124] Não é de admirar, também, que MacCormick descreva sua metodologia jurisprudencial como "pluralismo radical", apesar de sua diferença fundamental em relação às críticas pluralistas radicais legais, em relação ao Estado e seu positivismo legal orientado sobre o Direito oficial.[125]

---

[119] M. Maduro, *'Contrapunctual Law: Europe's Constitutional Pluralism in Action'* in N. Walker (ed.), *Sovereignty in Transition* (Oxford, Hart Publishing, 2003), p. 501-537.

[120] F. Snyder, *'Governing Economic Globalisation: Global Legal Pluralism and European Law'* (1999) 5 *European Law Journal*, p. 334-74.

[121] Para uma crítica, ver B. Tamanaha, *'The Folly of the "Social Scientific" Concept of Legal Pluralism'*, (1993) 20 *Journal of Law and Society*, p. 192-217.

[122] N. MacCormick, *'Risking Constitutional Collision in Europe?'* (1998) 18 *Oxford Journal of Legal Studies*, p. 517-32, p. 528-32.

[123] N. MacCormick, *'Beyond the Sovereign State'* (1993) 56(1) *The Modern Law Review*, p. 1-18.

[124] N. MacCormick, *'Questioning Post-Sovereignty'* (2004) 29 *European Law Review*, p. 852-863.

[125] N. MacCormick, *Questioning Sovereignty: Law, State and Nation in the European Commonwealth* (Oxford, Oxford University Press, 2002), p. 121.

A Teoria Institucional do Direito, de MacCormick e de Weinberger[126] foi profundamente influenciada pela Teoria Sociológica Geral das Instituições[127] e pelas ideias realistas do Direito, que enxergam o Direito como um meio de integração e mudança sociais, como um reflexo normativo e de institucionalização da imaginação política e social humana.[128] Dessa forma, os sistemas legais são tratados como "objetos de pensamento" (*thought-objects*), que são produtos de um particular discurso jurídico e político, e não as suas sólidas pré-condições normativas. Eles operam com base no fato de as pessoas, e especialmente os operadores do Direito (*officials*), serem guiados por suas crenças na existência de uma ordem jurídica e na validade das normas que a integram.[129]

De acordo com a visão institucionalista, o Direito é "fato institucional",[130] que não é exclusivamente determinado pelo Estado, e é gerado, na verdade, por instituições não estatais, tais como igrejas, organizações internacionais e assim por diante. Abandonando a concepção moderna, que percebe o Direito como um comando de um soberano, que considera a questão da soberania como um problema essencialmente político, o qual, posteriormente, adquire a sua forma jurídica e constitucional específica, a Teoria Institucionalista do Direito deixa de ser teoricamente limitada pela organização do Estado moderno, por seu poder político exclusivo e pelo seu sistema jurídico monista. Tal teoria adota o pluralismo legal como uma resposta para as mais diversas condições de validade jurídica e da complexidade do Direito e da Política globalizados, cada vez mais evidentes.

De maneira aproximada com as visões realistas sociológica e jurídica, "Direito como um fato",[131] a associação do Direito com as instituições sociais, e não apenas com o Estado-Nação, abre a possibilidade de se analisarem os sistemas jurídicos subnacionais, supranacionais e transnacionais ultrapassando a perspectiva da soberania; ou seja,

---

[126] N. MacCormick e O. Weinberger, *An Institutional Theory of Law: New Approaches to Legal Positivism* (Dordrecht, D. Reidel, 1986).

[127] Ver, por exemplo, H. Schelsky, *Recht und Institution* (Berlin, Duncker und Humblot, 1985); ver, também, a influência de Schelsky sobre a Teoria Institucionalista do Direito de Weinberger em "O Weinberger, *Law, Institution and Legal Politics: Fundamental Problems of Legal Theory and Social Philosophy* " (Dordrecht, Kluwer, 1991), p. 196-205.

[128] N. MacCormick, *Institutions of Law* (Oxford, Oxford University Press, 2007), p. 21.

[129] N. MacCormick e O Weinberger, *An Institutional Theory of Law: New Approaches to Legal Positivism* (Dordrecht, D. Reidel, 1986), p. 35-37.

[130] N. MacCormick. *'Law as Institutional Fact'* (1974) 90 *Law Quarterly Review*, p. 102-129.

[131] Dentre outros exemplos, ver, K. Olivecrona, *Law as Fact* (London, Stevens, 1971).

sem a necessidade de se recorrer a uma fonte última de validade e à ordenação hierárquica normativa. Pode-se resolver o problema das múltiplas fontes de validade nos sistemas jurídicos supranacionais e transnacionais, explicar a sua eficiência operativa e sua estabilidade através das operações gerais das instituições sociais, ao invés do uso da arquitetura política exclusiva do Estado-Nação e de sua legitimação simbólica.

3.10. Contrastando a sociedade de Direito oficial às comunidades de Direito Vivo

As recentes teorias jurisprudenciais do pluralismo legal são mais bem compreendidas quando pensadas como respostas semânticas para a crescente complexidade dos sistemas jurídicos e políticos oficiais globalizados, os quais, muitas vezes, refletem o fracasso do projeto monista de construção de uma ordem jurídica internacional suprema, ou uma ordem jurídica supranacional como o projeto constitucional da União Europeia. O problema da existência de várias normas básicas ou regras do reconhecimento precisa ser tratado como a principal condição dos sistemas jurídicos supranacionais e transnacionais contemporâneos. Nesse sentido, as teorias jurisprudenciais do pluralismo jurídico são teorias a respeito do pluralismo de normas básicas, suas interpretações e promulgações.

Críticos radicais estão corretos quando afirmam que as teorias jurisprudenciais do pluralismo jurídico tipicamente priorizam normas legais oficiais sobre as normas sociais não estatais.[132] Por exemplo, o tratamento que MacCormick concede ao pluralismo constitucional europeu foi baseado em uma crítica do monismo jurídico como uma teoria informada por uma única fonte soberana de validade. Entretanto, posteriormente houve uma moderação por intermédio do argumento forte, de MacCormick, em favor da lei como uma alternativa institucionalizada às ordens sociais espontâneas e, em última análise, ao ideal regulador, sintetizado em pontos de vista legais pluralistas e nas fontes de validade em nível supranacional da União Europeia.[133]

Além disso, os conceitos de pluralismo legal e constitucional, de MacCormick e Walker, estão muito próximos da ideia do Estado de

---

[132] S. A. Roberts, *Order and Dispute* (New York, St. Martin's Press, 1979), p. 25

[133] Ver, por exemplo, J. Bengoetxea, 'Legal System as a Regulative Ideal' (1994) 53 *Archiv für Rechts- und SozialPhilosophie [ARSP]*, p. 65-79.

Direito e da regulamentação legal de uma ordem política. De acordo com esse ponto de vista, a possibilidade de uma série de normas legais poderem ser independentes da autoridade do Estado e do sistema estatal de Direito significaria apenas um sistema que não necessariamente subordina outros sistemas jurídicos supranacionais e transnacionais não estatais. No entanto, a racionalidade do constitucionalismo estabelece limites e um quadro de deliberação política e, portanto, em última análise, determina a extensão e o conteúdo da comunicação multinível entre os diferentes âmbitos constitucionais e sistemas políticos.[134]

Esse ponto de vista é surpreendentemente semelhante às descobertas sociológicas de Max Weber, especialmente no sentido de que as pré-condições estruturais da existência do Direito não se limita exclusivamente à soberania do Estado e à política.[135] O discurso jurisprudencial do pluralismo jurídico e constitucional é, portanto, uma fascinante história do renascimento da Teoria Social junto à jurisprudência dominante.[136] Após a valiosa pesquisa em Antropologia e Sociologia do Direito, a jurisprudência do pluralismo jurídico reconhece que o Direito, como as outras ordens normativas, é determinado pela sua referência social e por sua resposta às "exigências regulamentares práticas da vida comum".[137]

No entanto, as teorias sociológicas de um pluralismo jurídico "forte" ultrapassam essa noção "fraca", de uma pluralidade de ordens jurídicas oficiais impostas por diferentes órgãos e instituições sociais. Tais teorias preferem uma versão radical do pluralismo de ordens jurídicas não oficiais, reconhecidas espontaneamente pelas comunidades e operando de fato (apesar da existência de uma ordem jurídica estatal), e não como uma suplementação paralela. Essas teorias geralmente enfatizam a questão básica da existência de uma pluralidade na realidade social e sua relevância para o sistema jurídico, especial-

---

[134] Ver, também, M. P. Maduro, 'Courts and Pluralism: Essay on a Theory of Judicial Adjudication in the Context of Legal and Constitutional Pluralism' in J. L. Dunoff e J.P. Trachtman (ed.), Ruling the World? Constitutionalism, International Law and Global Governance (Cambridge, Cambridge University Press, 2009) p. 356-380, p. 357-358.

[135] M. Weber, Economy and Society: An Outline of Interpretive Sociology. Vol I (Berkeley, CA, University of California Press, 1968), p. 313-317.

[136] Consultar especialmente o trabalho de Pospíšil, inspirado pelos conceitos de poder e de dominação de Weber. L. Pospíšil, Anthropology of Law: A comparative perspective (New York, Harper and Row, 1971); de forma semelhante, S.F. Moore, Law as Process: An anthropological approach. London: Routledge and Kegan Paul, 1978).

[137] R. Cotterrell, 'Transnational Communities and the Concept of Law' (2008) 21(1) Ratio Juris, p. 1-18, p. 13.

mente no que se refere aos limites da autorregulação do sistema e de sua dependência externa de ordens normativas reconhecidas espontaneamente pela sociedade, ordens não estatais e não legais. De acordo com esses pontos de vista, as regras formais do Direito oficial e suas sanções aplicadas pelo Estado soberano são apenas uma das muitas estruturas normativas e ordens diferentes existentes na sociedade.[138]

Essas teorias radicais são, muitas vezes, expressadas como uma crítica do Direito oficial do Estado e apresentam-se como teorias críticas do poder e da autoridade soberana do Estado, reforçados pelas delimitações territoriais e por suas populações.[139] Elas também geralmente percebem o Estado e seu Direito como forma de hegemonia, que precisa ser desafiada pelas alternativas políticas emergentes em níveis subnacionais, nacionais e transnacionais da sociedade global.[140] Finalmente, e mais importante ainda, as teorias radicais do pluralismo jurídico, muitas vezes contrastam o conceito de soberania constitucional e política com a evolução espontânea de alguns setores da sociedade, os quais, em vez de serem constituídos por uma força política, envolvem-se em processos paralelos de autoconstitucionalização e de fragmentação constitucional.[141]

3.11. Do Direito Vivo ao pluralismo jurídico global: é Ehrlich quem ri por último?

Apesar de Eugen Ehrlich nunca ter estabelecido uma teoria do pluralismo jurídico e nem sequer ter utilizado tal conceito, a sua Sociologia do Direito continua a ser percebida como uma fonte de profunda inspiração para os estudos de pluralismo jurídico.[142] Por exemplo, Klaus Ziegert criticamente afirmou que reinventar Ehrlich como o pai fundador dos estudos sobre pluralismo jurídico é equivocado, porque

---

[138] Consultar, G. Teubner e A Fischer-Lescano, *'Regime Collisions: The Vain Search for Legal Unity in the Fragmentation of Global Law'* (2004) 25(4) *Michigan Journal of International Law*, p. 999-1046.

[139] M. Galanter, *'Justice in Many Rooms: Courts, Private Ordering and Indigenous Law'* (1981) 19 *Journal of legal pluralism and Unofficial Law*, p. 1-47.

[140] Nesse sentido, B. Rajagopal, *'The Role of Law in Counter-Hegemonic Globalization and Global Legal Pluralism: Lessons from the Narmada Valley Struggle in India'* (2005) 18 *Leiden Journal of International Law*, p. 345-387.

[141] Ver, G. Teubner, *'Constitutional Fragments: Societal Constitutionalism and Globalization* (Oxford, Oxford University Press, 2012); consultar, também, N. Krisch, *'Who Is Afraid of Radical Pluralism? Legal Order and Political Stability in the Postnational Space'* (2011) 24(4) *Ratio Juris*, p. 386-412.

[142] J. Griffith, *'What is Legal Pluralism?'* (1986) 24 *Journal of Legal Pluralism and Unofficial Law*, p. 1-55, p. 23-29.

a Sociologia do Direito de Erhlich estava focada principalmente nos elementos fundamentais do funcionamento dos sistemas jurídicos, especialmente a reflexividade das expectativas normativas e na comunicação legal.[143] O objetivo de Ehrlich foi o de estabelecer uma Teoria Geral do Direito. No entanto, o conceito sociológico de pluralismo jurídico continua a ser estreitamente associado ao conceito de Direito Vivo de Ehrlich, porque as teorias do pluralismo jurídico, da mesma forma que a Sociologia do Direito, concentram-se nas operações internas e nas diferentes regulamentações da sociedade como um todo.[144]

Além disso, através do alargamento do conceito de Direito em direção ao reino dos costumes sociais, e reformulando-o como um domínio borrado de regras vinculativas genuinamente e socialmente heterogêneas, Ehrlich certamente superou a identificação moderna do Direito com o poder político soberano e, assim, os limites metodológicos da lógica jurídica normativista. Seguindo a então popular distinção entre sociedade e comunidade e adotando-a no contexto da teoria jurídica, Ehrlich realmente redirecionou a atenção acadêmica, saindo da ideia de ser o Direito estatal o regramento oficial da sociedade a caminhar em direção a regras espontaneamente surgidas na vida comunitária; portanto, ultrapassando o Estado. Seu conceito de Direito Vivo era um conceito de Direito não vinculado ao Estado, porém reconhecido como tal por uma comunidade particular. A unidade da sociedade era garantida por uma variedade de associações espontâneas ordenadas, das quais as pessoas são membros, mutuamente coordenando suas ações e reações.[145]

Contrariando o entendimento jurídico tradicional, vinculado ao Direito oficialmente sancionado pelo Estado, Ehrlich argumentou que a eficácia das normas jurídicas depende da ordem interna das associações e de suas formas internas de aplicá-las, e não do poder e da organização do Estado moderno. De acordo com esse ponto de vista, as ameaças de força e as sanções oficiais têm muito pouco efeito e podem realmente ser contraproducentes,[146] e a ordem normativa da sociedade acaba evoluindo sem o poder de sanção do Estado.

---

[143] Ver, K. Ziegert, *'Introduction to the Transaction Edition'* in E. Ehrlich, *Fundamental Principles of the Sociology of Law* (New Brunswick NJ, Transaction, 2002), p. XLI, p. XLV.

[144] S. E. Merry, *'Legal Pluralism'* (1998) 22(5) *Law and Society Review*, p. 869-896, p. 873.

[145] E. Ehrlich, *Fundamental Principles of the Sociology of Law* (New Brunswick NJ, Transaction, 2002), p. 27.

[146] Ibid., p. 402.

Não admira que essa ambição teórica tenha sido criticada não só por teóricos do Direito, em razão de suas contradições metodológicas (Kelsen) e pela noção holística de sociedade (Schmitt), mas, também, direta e indiretamente, por sociólogos do Direito em razão do uso de um conceito demasiadamente amplo de Direito (Gurvitch) e por negligenciar os aspectos de autorregulação específicos da realidade jurídica como uma parte intrínseca da realidade social (Weber).

Por exemplo, Kelsen rejeitou as visões teóricas de Ehrlich, ao argumento de que conceder prioridade para a sociedade e para suas regras gerais de existência e evolução em detrimento do sistema de Direito Positivo, seria um retorno metodológico para o conceito de Direito Natural. Kelsen criticou severamente a Sociologia do Direito de Ehrlich ao afirmar que confundia fatos e normas, assim como transformava a normatividade jurídica autônoma em uma mera função das forças e das leis últimas que operam na sociedade de fato. A identificação entre Direito e sociedade que ocorre no conceito de "Direito Vivo" de Ehrlich supostamente levaria à perda de clareza metodológica e à reintrodução da diferença metafísica antiga entre Direito Positivo e suprapositivo. De acordo com Kelsen, esse tipo de Sociologia do Direito considera os fatos sociais indiscriminadamente como "Direito Vivo", o qual se depara com a impossível tarefa de se estabelecer como uma disciplina separada e independente quer da Sociologia Geral (enfatiza os fatos sociais do comportamento humano), quer da Ciência Jurídica (estuda o caráter normativo de um ordenamento legal).

Do mesmo modo, a forma peculiar de uma Filosofia sobre a vida, de Ehrlich, traduzida no conceito de Direito Vivo como o Direito prevalecente nas lutas sociais pelo reconhecimento, era completamente estranha à noção de luta política e da distinção inimigo/amigo, proposta por Schmitt. O conceito de sociedade de Ehrlich, fundado nas forças gerais que constantemente recriam a unidade de uma vida social pluralista, e espontaneamente reconhecido como Direito, se contrapôs ao mundo cheio de atritos, diferenças e conflitos de Schmitt. De fato, as críticas vigorosas de Schmitt, direcionadas às teorias do pluralismo político e jurídico, em razão da identificação realizada por elas entre a realidade jurídica e política e a totalidade social, são aplicáveis à teoria sociológica do Direito de Ehrlich.

Ehrlich foi criticado por sociólogos, por teóricos do Direito e por filósofos políticos. Por exemplo, Max Rheinstein criticou as confusões de Ehrlich entre direito e costume, prudência e sentimento popular, assim pela redução da Ciência Jurídica à Sociologia.[147] Mais significativamente, o método sociológico de Ehrlich, como base de uma Teoria Geral do Direito, foi ignorado por Max Weber, que estabeleceu sua Sociologia do Direito, utilizando os conceitos jurisprudenciais comuns do Direito. As normas jurídicas e sanções (ou a relação jurídica), o Estado moderno e a legitimidade legal.

O conceito de Direito Vivo foi considerado obscuro e problemático por sociólogos e teóricos sociais em razão de conceder ênfase no reconhecimento social, na espontaneidade e na evolução das ordens normativas; ao contrário do entendimento corrente, ligado à aplicação política, à organização racional e à orientação por um conhecimento especializado. No entanto, quase se poderia dizer que Eugen Ehrlich, tão severamente criticado por Hans Kelsen, repudiado por Carl Schmitt, e ignorado por Max Weber e outros estudiosos de seu tempo, estaria rindo por último na condição atual da sociedade global. Seu método sociológico e a ênfase no Direito como uma ordem de regras reconhecidas espontaneamente por associações sociais parecem adequados para a compreensão das complexidades do Direito globalizado. Ele ainda levou Gunther Teubner, um sociólogo proeminente no que se refere ao Direito transnacional global, a observar que a Sociologia do Direito de Eugen Ehrlich talvez estivesse incorreta no momento em que fora escrita, no início do século XX; porém, acabou por ser a resposta mais abrangente e realista para a nossa sociedade globalizada atual, apelidada, por Teubner, de "Bukowina Global", e típica de um "pluralismo jurídico global".[148]

A sociedade global e a sua pluralidade de ordens jurídicas subnacionais, supranacionais e transnacionais suportam qualquer coisa, exceto a crença monista de Kelsen a respeito de uma norma básica última, que seria apta a superar a dualidade de sistemas jurídicos nacionais e do Direito Internacional. As estruturas legais vigentes e as redes são caracterizadas exatamente por contestações, fragmentações e diferenças. Nessa sociedade, os diferentes sistemas jurídicos coexistem e fazem reivindicações independentes de validade jurídica e de autoridade.[149] A validade definitiva da norma básica é substituída por uma multiplicidade de normas básicas simultaneamente válidas, de

---

[147] M. Rheinstein, *Sociology of law, apropos Moll's translation of Eugen Ehrlich's Grundlegung der soziologie des Rechts'* (1938) 48 *Journal of Ethics*, p. 232-9.

[148] G. Teubner, *"Global Bukowina": Legal Pluralism in the World Society'*, in G. Teubner (ed.), *Global Law Without a State* (Aldershot, Dartmouth, 1997), p. 3-28.

[149] Ver, por exemplo, S. E. Merry, *'Legal Pluralism'* (1998) 22(5) *Law and Society Review*, p. 869-896.

ordens jurídicas diferentes e independentes entre si – algo considerado logicamente impossível por Kelsen.[150]

De acordo com as conceituações teóricas do Direito transnacional e do pluralismo jurídico global, o Estado constitucional, como forma tipicamente moderna de organização política e jurídica, não pode suportar a pressão social da globalização, de forma que a coevolução estrutural moderna do Estado e do Direito é substituída por novas formas de organização social global, em meio a um "Direito global sem Estado".[151] O conceito de poder soberano de Schmitt, de um poder irredutível, que define a realidade política e a protege dos efeitos da despolitização da economia de mercado, da administração burocrática, das convicções éticas e de outros reinos não políticos da sociedade moderna, não é encontrado no sistema político da sociedade global. A distinção entre Estado e sociedade, com esmero articulada e defendida por Schmitt, precisa ser criticamente reformulada, uma vez que a sociedade global não requer um Estado mundial correlato ao Estado-Nação, incorporando efetivamente os estados soberanos e seus sistemas jurídicos em suas estruturas políticas e legais.

3.12. A diferenciação funcional e o Direito Vivo da sociedade civil global

A espontaneidade da evolução social e jurídica é "jaula de ferro" preferida da legalidade oficial do Estado e da organização burocrática. As forças sociais que operam silenciosamente, tratadas por Savigny e Montesquieu, parecem ser muito mais significativas do que o direito legislado. Esses elementos representantes da diferença clássica entre uma *sociedade* politicamente organizada e uma *comunidade* que evolui espontaneamente são detectáveis mesmo nas teorias altamente sofisticadas de governança global e de autopoiese jurídica, apesar de sua forte dependência de noções teóricas de eficiência administrativa e de formas despolitizadas de direção social.[152]

Nesse contexto, o conceito de Direito Vivo de Ehrlich também é reformulado, significando o processo espontâneo de juridicização, e até mesmo de constitucionalização, dos diferentes setores da socieda-

---

[150] H. Kelsen, *General Theory of Law and State* (New York, Russell&Russell, 1961), p. 363.

[151] G. Teubner (ed.), *Global Law Without a State* (Aldershot, Dartmouth, 1997).

[152] G. Teubner, *Law as an Autopoietic System* (Oxford, Blackwell, 1993), p. 64.

de global sem governo, como o comércio, a propriedade intelectual, a internet, o esporte, o meio ambiente, entre outros. A teoria semântica consagrada, que diferencia um Direito Vivo e um Direito Legislado, respectivamente pensada como *law in action* e *law in books*, é complementada por novas distinções como a do Direito *hard/soft*, de governo nacional/governança transnacional e de estado/constitucionalismo civil globais.

Ziegert, por exemplo, reinterpreta a Sociologia do Direito de Ehrlich e o seu conceito de Direito Vivo como a mais convincente crítica a respeito da teoria jurídica estatal, que corresponde ao nosso estado atual de uma sociedade global auto-ordenada e autorregulada, de forma que seu sistema jurídico funciona sem o Estado.[153] Ele compreende a análise de Ehrlich, de diversidade étnica e jurídica da vida comunitária, como parte de um conceito funcional-estrutural da sociedade, baseado na diferenciação das recíprocas ações e reações dos indivíduos em suas associações. Ziegert ainda considera a teoria de Ehrlich como uma Teoria Geral da Sociedade, e não apenas como mais uma Teoria do Direito. De acordo com essa leitura do Direito Vivo de Ehrlich, a ordem social

> surge como resultado relacional e estrutural generalizado, praticada pela observação dos outros, isto é, tendo respeito pelas ações e reações dos outros membros da associação. Esta ordem não pode ser singularmente "sequestrada" ou comandada por qualquer indivíduo singular. Desenvolve-se ao longo do tempo, e torna-se tão profundamente enraizada que as razões originais práticas para tais "ações e reações" se perdem na transmissão cultural intergeracional. O que deve ser "vigorosamente" mantido e preservado pelas associações são as formas de conduta relacional, isto é, as normas sociais.[154]

Ziegert argumenta que essas normas estabilizam a ordem interna da associação durante a sua evolução social e na experiência comunicativa. A estabilidade social é condicionada por essa ordem de autorregulação primária, cuja funcionalidade – mais que um aparato especial de coerção política – garante a eficácia das normas válidas. É o aspecto fático da vida social, em vez de uma normatividade e/ou racionalidade de uma ordem política, que facilita a legitimidade do Direito. O Direito Vivo domina a vida social e as proposições jurídicas, e os documentos precisam ser reconhecidos por essas ordens internas dinâmicas das associações humanas.

---

[153] K. A. Ziegert, 'World Society, Nation State and Living Law in the Twenty-first Century', in M. Hertogh (ed.), *Living Law: Reconsidering Eugen Ehrlich* (Oxford, Hart Publishing 2009), p. 223-236.

[154] Ibid., p. 230.

Ziegert reinterpreta a separação conceitual de Ehrlich, entre o Direito Vivo e o Direito dos aplicadores do Direito, como um exemplo de diferenciação funcional na sociedade e um desafio para a sociedade moderna, que precisa reflexivamente reconstruir o conhecimento jurídico especializado e as proposições jurídicas formuladas pelos aplicadores do Direito como parte do Direito Vivo.[155] Ele ainda interpreta a visão de Ehrlich do Direito Vivo como

> um vislumbre profético no emergente Direito mundial dos direitos humanos ... uma reminiscência do projeto de Kant de uma sociedade civil cosmopolita de "associações" não-governamentais garantidas pelo Direito (tomada de decisão jurídica internacional), juntamente com o jogo de poder dos Estados mantidos em xeque por tratados. Essa sociedade civil não tem e nem precisa ter um correspondente "governo mundial", mas está ancorada em e está promovida por Estados não-agressivos e humanitários...[156]

Essa avaliação otimista e, surpreendentemente, prescritiva interpretação "civil" da Sociologia do Direito Vivo de Ehrlich, baseia-se no contraste entre a ordem política artificialmente integrada e a sociedade civil global que evolui de forma espontânea.[157] A distinção de Ehrlich entre Direito dos aplicadores e o Direito vivo dificilmente pode ser reinterpretada como exemplo de diferenciação funcional, uma vez que o Direito Vivo, de acordo com Ehrlich, domina a vida, inclusive a vida das proposições jurídicas, das decisões e do conhecimento especializado. A teoria não alcança a noção de heterarquia de uma sociedade funcionalmente diferenciada e seu sistema jurídico de autorregulação, porque Ehrlich expande o significado de Direito ao encontrá-lo em todos os lugares da sociedade e, portanto, borrando seus limites sociais e a sua diferenciação em relação a outras ordens sociais normativas.[158]

Se o Direito Vivo depende da vida das associações e do reconhecimento por parte de seus membros, o significado do Direito torna-se semanticamente expandido, para além do ponto de obscuridade. Se cada ordem normativa deve ser chamada Direito, o que acontece com a relação entre a ordem jurídica e as outras ordens sociais normativas? Seria realmente Direito qualquer ordem que as pessoas utilizam

---

[155] K. A. Ziegert, 'World Society, Nation State and Living Law in the Twenty-first Century', in M Hertogh (ed.), Living Law: Reconsidering Eugen Ehrlich (Oxford, Hart Publishing 2009) p. 223-236, p. 230.

[156] Ibid., p. 235-236.

[157] D. Nelken, 'Ehrlich's Legacies: Back to the Future in the Sociology of Law?', in M. Hertogh (ed.), Living Law: Reconsidering Eugen Ehrlich (Oxford, Hart Publishing 2009) p. 237-272, p. 262-263.

[158] M. Hertogh, 'From 'Men of Files' to 'Men of the Senses': A Brief Characterisation of Eugen Ehrlich's Sociology of Law', in M. Hertogh (ed.), Living Law: Reconsidering Eugen Ehrlich (Oxford, Hart Publishing 2009) p. 1-17, p. 2-8.

e denominam como "Direito"?[159] E toda a distinção entre Direito dos aplicadores e Direito Vivo, respectivamente, o Direito Estatal e o Direito não estatal, não confirmaria exatamente a importância do Estado como a instituição criadora do Direito?[160]

O problema com a interpretação de Ziegert é que o conceito de Direito Vivo de Ehrlich possui um efeito integrativo, em vez de um efeito diferenciador no que se refere ao estudo da realidade jurídica. A diferenciação de Ehrlich, entre Direito Vivo e Direito dos aplicadores, era segmentária e não funcional, significando o contraste entre a racionalidade moderna e a tradição histórica, sociedade e comunidade, organização e espontaneidade, alienação humana e vínculos orgânicos.

Essa segmentação pode ser verificada em uma série de teorias e filosofias da sociedade e da política da época de Ehrlich; por exemplo, na crítica marxista do capitalismo industrial moderno, esperanças utópicas de uma sociedade sem classes pós-revolucionária e nas crenças socialistas de uma auto-organização econômica e política. Tal separação também era típica em várias formas de nacionalismos e etno-políticas modernos, construídos sobre a noção de "declínio da civilização" e na necessidade de proteger os laços comunitários e as tradições nacionais contra as forças destrutivas da indústria e das organizações político-burocráticas modernas. Permeou o nacionalismo e as lutas políticas modernas pela autodeterminação nacional, bem como a crença socialista de que "a liberdade consiste em converter o Estado, de um órgão sobreposto à sociedade em um órgão completamente a ela subordinado".[161]

3.13. O constitucionalismo social como uma teoria radical do pluralismo jurídico global pós-soberano(?)

Ao contrário de uma imagem de semelhanças no Direito Vivo de uma sociedade civil globalizada, os desenvolvimentos jurídicos e políticos supranacionais e transnacionais são caracterizados pela fragmentação, por assimetrias, por irritações e por colisões estruturais.

---

[159] Sobre essa visão, consultar, por exemplo, B. Tamanaha, *A General Jurisprudence of Law and Society* (Oxford, Oxford University Press, 2001), p. 167.

[160] Por exemplo, S. Roberts, '*Against Legal Pluralism*', (1998) 42 *Journal of Legal Pluralism and Unofficial Law*, p. 95-106, p. 105.

[161] K. Marx, *Critique of the Gotha Programme*.

Essas características não podem estar contidas em alguma forma de unificação ou de cooperação civil entre os Estados e os agentes não estatais em um nível global. A rápida evolução dos subsistemas da sociedade global prossegue a sua autoconstitucionalização específica. Ao contrário de uma constitucionalização da sociedade política global, os diferentes setores da sociedade global estabelecem suas constituições através da diferenciação funcional, e não por meio de uma integração política facilitada pelos esforços políticos deliberativos e pela cooperação dos governos estatais.[162]

O sistema jurídico da sociedade global é caracterizado por uma multiplicidade, que Sciulli descreve como constituições sociais,[163] na qual os Estados soberanos podem continuar a ter alguma capacidade operativa, porém perdem o seu poder constitutivo dentro do sistema de Direito Internacional, assim como o seu constitucionalismo estatal. Gunther Teubner adotou a Teoria do Constitucionalismo Social do Sciulli em sua teoria do Direito Autopoiético, reinterpretando-a de uma maneira original, da mesma forma que a sua leitura pouco ortodoxa da Sociologia do Direito, de Ehrlich, no corrente estado de "Bukowina global". Segundo Teubner, o Estado e suas hierarquias são inadequadas para lidar com os atores sociais globais não estatais e com os efeitos horizontais dos direitos fundamentais garantidos em nível supranacional, e perseguidos mediante múltiplas redes e instituições transnacionais. Teubner reformula o processo de constitucionalização global como um processo em que

> A constituição da sociedade mundial não ocorre exclusivamente nas instituições representativas da política internacional, nem pode ter lugar em uma constituição mundial unitária que se sobreporia a todas as áreas da sociedade; mas, ao contrário, emerge incrementando a constitucionalização de uma multiplicidade de subsistemas autônomos da sociedade mundial.[164]

Esse conceito de constitucionalismo social tem de ser pensado como um sistema de constituições *na* sociedade, em vez de a constituição *da* sociedade. De acordo com essa perspectiva, os diferentes sistemas sociais, como o Direito global, a Política ou a Economia, muitas vezes, colidem uns com os outros, não permitindo algum tipo de

---

[162] G. Teubner e A. Fischer-Lescano, 'Regime Collisions: The Vain Search for Legal Unity in the Fragmentation of Global Law' (2004) 25(4) Michigan Journal of International Law, p. 999-1046, p. 1014.

[163] D. Sciulli, Theory of Societal Constitutionalism: Foundations of a Non-Marxist Critical Sociology (Cambridge, Cambridge University Press, 1992).

[164] G. Teubner, 'Societal Constitutionalism: Alternatives to State-Centred Constitutional Theory?' in C. Joerges, I. J. Sand e G Teubner (ed.), Transnational Governance and Constitutionalism (Oxford, Hart Publishing, 2004), p. 3-28, p. 8.

acordo constitucional supremo na sociedade global. Tal acordo seria capaz de replicar o paradoxo da constitucionalização nacional e representar uma autoridade global politicamente soberana e simbolicamente expressiva da totalidade da sociedade global. Em vez disso, essa perspectiva representa uma visão do Direito mundial funcionalmente diferenciado da Política global, e internamente diferenciado em uma multiplicidade de subsistemas autoconstituídos e autoconstituintes.

A tensão intrínseca entre a dimensão política das constituições e o seu expressivo simbolismo, que cobre a totalidade da sociedade, são reconceitualizados como uma política não representacional da constitucionalização dos setores autônomos da sociedade global, perseguida pelos órgãos estatais e não estatais.[165] O contexto global da diferenciação funcional faz o constitucionalismo do Estado-Nação ser apenas um dos muitos processos de constituição das organizações políticas, o qual é impossível de se replicado em um Direito e em uma Política globais. As teorias constitucionais centradas na dinâmica da Política necessitam ser substituídas por uma análise de policontexturalidade social global e as suas constitucionalizações devem ser pensadas para além do Estado e da Política.[166]

O radicalismo dessa visão decorre do fato de que as constitucionalizações do Direito global evoluem não só sem o Estado ou qualquer outra autoridade política global, mas também a partir de múltiplos processos de setores sociais globais diferenciados da Economia, da Tecnologia e da Ciência, somente para citar.[167] A constitucionalização política da sociedade global é apenas uma "ilusão constitucional",[168] impulsionada por fantasias de um Política cosmopolita e de um Estado global. As constituições dos Estados-Nação não podem ser replicadas no nível da sociedade global: "a totalidade constitucional se rompe e é dissolvida por um tipo de *fragmentação constitucional*".[169] A comunidade política mundial não possui Constituição, e as constituições dos Estados-Nação, assim como as tentativas políticas suprana-

---

[165] G. Teubner e A. Fischer-Lescano, '*Regime Collisions: The Vain Search for Legal Unity in the Fragmentation of Global Law*' (2004) 25(4) *Michigan Journal of International Law*, p. 999-1046.

[166] G. Teubner, '*Constitutionalizing Polycontexturality*' (2011) 20(2) *Social and Legal Studies*, p. 210-229.

[167] Ibid., p. 216.

[168] Fischer-Lescano, *Globalverfassung: Die Geltungsbegrundung der Menschenrechte* (Weilerwist: Velbruck, 2005), p. 247.

[169] G. Teubner, '*Constitutionalizing Polycontexturality*' (2011) 20(2) *Social and Legal Studies*, p. 210-229, na p. 220.

cionais ou transnacionais de constitucionalização do sistema político global, são apenas fragmentos do constitucionalismo social global.

A Constituição do Estado-Nação evidencia-se desafiada por autoconstitucionalizações globais sem Estado e por uma realidade que está além do alcance do Direito Constitucional.[170] Em vez de projetos normativos e políticos, uma teoria do pluralismo jurídico verdadeiramente radical emerge como uma teoria de um sistema legal global, funcionalmente diferenciado da Política, da Economia ou da Ciência globais. Trata-se de um sistema com paradoxos internos, operações e fragmentações deparadoxalizantes, em vez de um sistema de regras e contestações doutrinárias. Ele eficazmente desfaz as fronteiras e as estruturas reguladoras dos sistemas jurídicos nacionais e transforma a legalidade em uma comunicação global funcional-específica.

Com base nessas noções de evolução espontânea de ordens jurídicas, para além das organizações políticas e do constitucionalismo sem Estado, do Poder Constituinte e da Política, alguns estudiosos até mesmo rejeitam a própria ideia de constitucionalismo transnacional ou pós-nacional, contrastando-os com uma visão pluralista de governança da sociedade global.[171] De acordo com essas vozes radicais, a coerência e a unidade, associadas a qualquer sistema constitucional e com a governança global, precisam ser tratadas como a sua alternativa estrutural pluralista e fragmentada. Como comenta Nico Krisch:

> No pluralismo, não há nenhum ponto de referência jurídico comum ao qual se possa apelar para solucionar controvérsias; conflitos são resolvidos através da convergência, acomodação mútua – ou por nenhum deles. É uma visão que leva a fragmentação da sociedade ao nível institucional.[172]

Entretanto, os conceitos de Direito e de constitucionalismo dificilmente podem ser de forma tão fácil contrastados com os conceitos de governança pós-nacional e de pluralismo, unicamente em razão da forte tradição semântica e dos usos teóricos comuns do conceito de pluralismo jurídico e constitucional.

Ao contrário de Krisch e de outros estudiosos que renunciam por completo ao conceito de constitucionalismo, Teubner sugere que o processo de diferenciação funcional na sociedade global garante que as constitucionalizações simultâneas dos subsistemas específicos

---

[170] G. P. Callies e P. Zumbansen, *Rough Consensus and Running Code: A Theory of Transnational Private Law* (Oxford, Hart Publishing, 2010), p. 168-169.

[171] N. Krisch, *Beyond Constitutionalism: The Pluralist Structure of Postnational Law* (Oxford, Oxford University Press, 2010).

[172] Ibid., p. 69.

institucionalizem seus mecanismos internos de autocontenção. Eles, assim, eficazmente, evitam o risco de expansão ampla para toda a sociedade e as intervenções constitucionais em outros setores da sociedade global.

Teubner está convencido de que a autonomia e a autoconstitucionalização civil desses setores barram o risco de dis-diferenciação e da expansão da instrumentalização política, observando que:

> Reforçar a autonomia das esferas de ação como um contramovimento às tendências de dis-diferenciação parece ser a resposta geral de trabalho, tanto nas constituições políticas tradicionais e nas constituições civis emergentes. Se fosse tarefa central das constituições políticas defender a autonomia das outras esferas de ação contra a expansão do sistema político, especificamente em relação à instrumentalização política, então, nas constituições civis de hoje, seria presumível a garantia das possibilidades de articulação das chamadas lógicas não-racionais de ação contra a tendência dominante de racionalização social, por intermédio da conquista de áreas de autonomia para a reflexão social em conflitos de longa duração, institucionalizando-as.[173]

3.14. A ausência de política e de vínculos civis do constitucionalismo social mundial

Teubner argumenta que a dinâmica funcional do sistema jurídico global é parte do constitucionalismo da sociedade global.[174] Nesse sentido, ele desafia a velha semântica do Direito Internacional, as hierarquias do Estado-Nação e a sua Constituição soberana, tanto do sistema político como de toda a nação. De acordo com sua perspectiva, o domínio do Direito Internacional é apenas uma parte setorialmente diferenciada do sistema jurídico global, no qual a soberania política e jurídica, seja interna, seja externa, deixa de desempenhar o papel de uma pré-condição essencial para a comunicação jurídica.

Removendo o processo de constitucionalização daquela ficção que envolve os fundamentos normativos últimos do Direito, Teubner questiona as principais ortodoxias das teorias jurídicas e políticas. Além disso, pede para que os teóricos do Direito Constitucional e Internacional aceitem não apenas a forma de constitucionalismo sem o Estado, mas também as formas ainda mais distantes de autoconsti-

---

[173] G. Teubner, 'Societal Constitutionalism: Alternatives to State-Centred Constitutional Theory?' in C. Joerges, I. J. Sand e G. Teubner (ed.), *Transnational Governance and Constitutionalism* (Oxford, Hart Publishing, 2004), p. 3-28, na p. 12-13.

[174] G. Teubner, 'Constitutionalizing Polycontexturality' (2011) 20(2) *Social and Legal Studies*, p. 210-229, na p. 220.

tucionalização de setores do direito privado e dos regimes de governança.[175] Afirma que o conceito radical do constitucionalismo social global sem Estado, sem governo; imagem simbólica da unidade social última, é difícil de ser digerida pelos teóricos constitucionalistas e políticos. Seria necessário "quebrar o tabu".[176]

No entanto, há ainda um outro tabu que nem mesmo Teubner quebrou: o de "civilidade" (*civility*). A teoria do pluralismo jurídico global da Teubner é construída surpreendentemente sobre a típica ortodoxia moderna das ciências sociais, ou seja, sobre a dualidade das constituições *políticas* hierarquicamente organizadas e sobre as constituições *civis* que evoluem de modo espontâneo.[177] Sua distinção entre constituições políticas e civis não significa apenas um reflexo da sociedade transnacional globalizada e da política internacional dos Estados soberanos. Na mesma linha de visão de Ziegert, da sociedade civil global, Teubner reformula a diferença clássica entre sociedade e Estado no contexto da teoria dos sistemas autopoiéticos do pluralismo jurídico global, contrastando a racionalidade instrumental da juridicidade e da administração burocrática do Estado com a multiplicidade de subsistemas sociais e com seus modos específicos de racionalidade.

Teubner prefere o conceito de "constituição de regime" para os diferentes setores da sociedade global, com aplicação mais abrangente que o conceito de organização orientada do Estado por intermédio de uma constituição política. Ele até reintroduz a diferenciação centro/periferia do regime, refutada por Luhmann como distinção significativa de uma segmentação, em vez de uma diferenciação funcional, para abranger as instituições informais, as organizações e os atores que operam além da organização central e formal de uma constituição de regime.[178] Entretanto, essa estranha retrossemântica de distinções Estado/sociedade e centro/periferia, poderia efetivamente, por certo, significar que a dinâmica de diferenciação funcional do jurídico global e do constitucionalismo social global continua a ser exposta à

---

[175] G. Teubner, *Constitutional Fragments: Societal Constitutionalism and Globalization* (Oxford, Oxford University Press, 2012), p.1-2.

[176] G. Teubner, 'Societal Constitutionalism: Alternatives to State-Centred Constitutional Theory?' in C. Joerges, I. J.Sand e G. Teubner (ed.), *Transnational Governance and Constitutionalism* (Oxford, Hart Publishing, 2004), p. 3-28, na p. 8.

[177] Ibid., p. 27-8.

[178] G. Teubner, 'Constitutionalizing Polycontexturality' (2011) 20(2) *Social and Legal Studies*, p. 210-229, na p. 222-223.

diferenciação segmentar persistente de centros formalmente organizados e de periferias sociais que evoluem e interagem informalmente.

Esses problemas teóricos acabam posteriormente expostos em razão do apelo de Teubner por uma "regulação híbrida", que combine o regimento interno dos sistemas funcionais com a pressão externa de outras esferas sociais, em particular, das discussões públicas, dos protestos, dos movimentos, das ONGs e dos sindicatos para garantir a efetiva autolimitação dos sistemas funcionais. De acordo com ele:

> A regulação jurídico-política e as influências sociais externas só podem ter sucesso se forem transformadas na autorregulação da dinâmica sistêmica. Isso requer muitas intervenções da Política, do Direito e da sociedade civil: intervenções, no entanto, que, como uma questão de fato, são traduzidas em impulsos autolimitados e transformados em uma constituição de regime.[179]

No entanto, essa conclusão efetivamente significa que a autorregulação do constitucionalismo da sociedade global se encontra mais protegida pelas intervenções sociais globais em uma racionalidade jurídica, em relação a uma autopoiese jurídica.

Os conceitos de constituições civis e de constitucionalismo social são profundamente influenciados pela ideia de autoconstituição, de autorregulação da sociedade civil (que evolui de forma espontânea) e pela redução gradual do poder e da racionalidade instrumental do Estado. Contudo, o conceito de civilidade é extremamente rico e possui significados muito diversos. Representa um projeto normativo específico, em vez de apenas processos sociais cegos de diferenciação funcional. Mover-se para além dos limites do Estado constitucionalista, centrado na política, não significa modificar o caráter político das decisões coletivamente vinculantes e dos processos de tomada de decisão associados a qualquer tipo de constitucionalismo.

Como Hans Lindahl observa, o constitucionalismo social não pode prescindir de sua política.[180] Além disso, pode-se questionar o que se quer dizer com a "civilidade" da diferenciação funcional e da constitucionalização, por exemplo, na ciência global, na tecnologia e no esporte. Seriam a evolução da *lex mercatoria* mundial[181] e do

---

[179] G. Teubner, 'Constitutionalizing Polycontexturality' (2011) 20(2) Social and Legal Studies, p. 210-229, na p. 225.

[180] H. Lindahl, 'Societal Constitutionalism as Political Constitutionalism: Reconsidering the Relation between Politics and Global Legal Orders' (2011) 20(2) Social and Legal Studies, p. 230-237, na p. 234.

[181] G. Teubner, 'Breaking Frames: Economic Globalisation and the Emergence of Lex Mercatoria' (2002) 5 European Journal of Social Theory, p. 199-217.

ius humanitatis[182] apenas versões mais sofisticadas do processo inicial moderno de evolução da sociedade civil analisado no alvorecer da modernidade política, por Adam Fergusson, por exemplo? Seriam capazes de levar ao estabelecimento de uma política global de uma sociedade civil auto-organizada, que evolui espontaneamente e que não está adstrita em suas próprias formas pela organização do Estado e pelas hierarquias limitantes desse mesmo Estado? A comunicação da mídia globalizada e as tecnologias implicam em alguma forma de civilidade? Será que contribuem automaticamente para o constitucionalismo e para o ativismo civis, defendidos por Sousa Santos e por outros defensores da pluralidade global do Direito, e para uma sociedade civil de redes de oposição, de protestos e de resistência?

3.15. O fechamento operacional das constituições sociais por intermédio da semântica externa de civilidade(?)

O conceito de constitucionalização mundial fragmentada (para além do Estado), de Teubner, sofre da mesma conceitualização, opaca e pouco diferenciada, típica da teoria das constituições da sociedade de Sciulli, que pode ser atribuída a uma grande variedade de desenvolvimentos sociais e a diferentes formas de comunicação social que não têm nada em comum com as operações jurídicas ou políticas. Enquanto Luhmann considera uma constituição como a organização social de um acoplamento estrutural entre Direito e Política,[183] Teubner considera muitas formas diferentes de organizações sociais, que evoluem de maneira espontânea, como constituições. Entretanto, essa perspectiva leva necessariamente a uma profunda confusão conceitual no que se refere à diferença básica entre constituição como organização política e constituição como semântica social da auto-organização, da autorregulação e da autorreferência de setores específicos e de sistemas da sociedade global.

O uso que Teubner faz do conceito de civilidade não está ligado a uma noção prescritiva de uma sociedade civil global, fundada em uma noção de uma vida humana ética. No entanto, indica a possibilidade de alguma forma abrangente de "pontos comuns" na sociedade global, setorial e funcionalmente diferenciada. O "civil" funciona

---

[182] B. de Sousa Santos, *Towards a New Legal Common Sense*. 2. ed.. (London, Butterworths, 2002), p. 301-311.

[183] N. Luhmann, *Law as a Social System* (Oxford, Oxford University Press, 2004), p. 410.

como uma pré-condição para a autoconstitucionalização de diferentes setores da sociedade global e, portanto, assemelha-se à tradição da sociedade civil, como uma base para a diferenciação da Economia, da Política, da família e de outros setores da vida social moderna.[184]

A teoria da autoconstitucionalização civil de diferentes setores da sociedade global, de Teubner consiste numa mistura peculiar de autopoiese jurídica autorreferente com a civilidade constitutiva de atores não estatais como a sua referência externa. O conceito de constituições civis pós-soberanas sem o Estado constitucional está mais ligado à referência externa da noção de civilidade que à autorreferência da juridicidade globalmente pretendida. Espera-se que a civilidade global opere da mesma maneira que uma "religião civil", limitando o poder constitucional por intermédio de uma referência externa a um conjunto de valores políticos e sociais. A famosa afirmação de Tocqueville, no sentido de a eficácia e a persistência das instituições políticas dependerem de seu enraizamento na vida social cotidiana e no tecido moral da sociedade, encontra, também, mais uma de suas conceituações teóricas originais.[185]

A referência externa à civilidade da autoconstitucionalização efetivamente significa que o sistema jurídico global nunca pode alcançar de modo pleno a sua diferenciação sistêmica e a sua clausura operacional. A juridicidade não constitui o único meio do sistema jurídico global, e todo o conceito de constitucionalismo da sociedade é impensável sem a semântica externa da civilidade, que é ligada à diferença entre o Estado organizado e a sociedade, que evolui espontaneamente. Civilidade torna-se um estabilizador de um processo mais geral, de constitucionalização da sociedade.

A dualidade entre civilidade e constitucionalidade pode ser interpretada como uma dualidade entre valor e interesse. Seu valor exclusivo consiste na tradução semântica de interesses em valores, que facilitam as operações sistêmicas.[186] É de interesse dos diferentes setores do Direito global se constitucionalizar, de forma a melhorar a capacidade operativa desse Direito. A autoconstitucionalização se torna apenas mais um processo de autorreferência e de autoprodução dentro do sistema jurídico autopoiético.

---

[184] G. Teubner, *Constitutional Fragments: Societal Constitutionalism and Globalization* (Oxford, Oxford University Press, 2012), p. 16.

[185] A. de Tocqueville, *Democracy in America* (Chicago, University of Chicago Press, 2000), capítulos 2 e 3.

[186] N. Luhmann, *Die Politik der Gesellschaft* (Frankfurt, Suhrkamp, 2000), p. 183-186.

A teoria do pluralismo jurídico global e dos setores autoconstitucionalizados do Direito global, de Teubner, é, nesse sentido, singularmente inspirada e assombrada pelo fantasma da Sociologia do Direito de Ehrlich e seus paradoxos, prescrições e limitações. Teubner estabelece uma teoria sofisticada de subsistemas autopoiéticos de um Direito global funcionalmente diferenciado, porém, da mesma forma, persegue os objetivos de eliminar o poder político e a sanção pertencente à definição de Direito.

3.16. Considerações finais: sobre o poder e o Estado constitucional na sociedade global

Estado e política são duas categorias distintas, e o Estado-Nação é apenas uma das muitas formas semânticas possíveis das estruturas de poder contingentes da modernidade.[187] O estado constitucional, como a organização social do acoplamento estrutural entre Direito e Política, permite a criação de novas formas de comunicação por meio da força; e o estado ou a soberania constitucional tornam-se uma de suas conceituações mais persuasivas.

O Estado constitucional perdeu a sua centralidade e tornou-se parte das estruturas e das redes jurídicas e políticas transnacionais. Ao mesmo tempo, essa mudança não marginalizou completamente a importância estrutural do Estado e da soberania política ou jurídica, assim como o surgimento do Direito e da Política transnacionais não levaram ao desaparecimento do Estado. Os Estados soberanos continuam a operar como organizações de poder em constelações políticas e jurídicas da sociedade global.

Na verdade, o Estado-Nação continua a ser a forma mais comum de organização política, mesmo em um sistema político global, caracterizado por uma grande variedade de institucionalizações e de organizações internacionais, supranacionais e transnacionais. Contudo, a autoridade política, os vínculos coletivos e as fontes de legitimação do Estado-Nação estão perdendo sua exclusividade estrutural e simbólica. O Estado, utilizado simultaneamente para ocupar um espaço comunicativo dentro dos sistemas legais e políticos e a dominar a organização do seu acoplamento estrutural, torna-se apenas mais uma organização da sociedade global, facilitando as operações de Política e

---

[187] C. Thornhill, 'Constitutional Law from the Perspective of Power: A Response to Gunther Teubner' (2011) 20(2) *Social and Legal Studies*, p. 244-247, na p. 246.

Direito supranacionais e transnacionais. O poder do Estado soberano passa a fazer parte das estruturas de poder globais, muito mais complexas e contingentes. A soberania do Estado, portanto, é transformada em um conceito pluralístico e muito mais fluido de operações de tomada de decisão.

A questão soberania costumava ser determinada pelo processo de transformação do poder em autoridade. Agora, a questão da soberania é: "Que poder detém as autoridades soberanas nos sistemas jurídicos e políticos globalizados?". As teorias normativas de soberania como autoridade política e jurídica precisam ser substituídas por uma teoria de múltiplas soberanias, emergentes como as estruturas de poder em um Direito e uma Política globalizados. O foco das teorias de soberania necessita ser redirecionado das estruturas de autoridade e do seu simbolismo coletivo para as estruturas de poder e operações. Na sociedade global, o conceito de soberania, consequentemente, só pode ser pensado como um conceito dinâmico, referindo-se a redes de comunicação, a operações e a procedimentos, em vez de instituições e assentamentos normativos. Como Bartelson demonstra, de forma persuasiva, a capacidade operativa e a genealogia da soberania são inseparáveis da contingência política e histórica.[188]

O Estado não definha, apesar das expectativas normativas dos constitucionalistas sociais e dos teóricos do Direito e da Política globais. Em vez disso, o Estado e sua constituição continuam a funcionar como "um dispositivo artificial para agregar aquilo que emerge como a dinâmica de autoconsolidação do sistema político e do sistema jurídico".[189]

A existência da pluralidade da sociedade global, pensada em si mesmo, não deve conduzir a expectativas normativas de efeito horizontal dos direitos humanos transnacionais, a estruturas heterárquicas de governança global e a *"soft laws"* de segmentos autorregulados da Economia, da Política, da administração e/ou da tecnologia globais. O paradoxo do constitucionalismo do Estado moderno, como comunicação permanente da soberania política por meio da juridicidade, não pode ser resolvido pela alegação de que o constitucionalismo é apenas um outro nome para a juridicização dos setores funcionalmente diferenciados da sociedade global, e, por completo, dissociados das operações de poder e das assimetrias da política constitucional.

---

[188] J. Bartelson, *A Genealogy of Sovereignty* (Cambridge, Cambridge University Press, 1995), p. 217-219.
[189] N. Luhmann, *Law as a Social System* (Oxford, Oxford University Press, 2004), p. 365.

A constitucionalização de diferentes setores da sociedade global é um processo de incremento, ao invés de limitação, das operações de poder que regulam esses setores. A pluralidade sistêmica global da sociedade funcionalmente diferenciada, portanto, exige uma reconsideração teórica e uma reconceitualização da noção moderna de soberania constitucional como parte da genealogia e da transformação semântica das estruturas de poder que emergem nos sistemas globalizados de Direito e Política. Os conceitos de Estado e de soberania constitucional podem ser reformulados como as operações internas de poder dos sistemas funcionalmente diferenciados do Direito e da Política globalizados. Essa pode ser a contribuição verdadeiramente radical das teorias do pluralismo jurídico para as contemporâneas Teorias Sociológica e Sistêmica do Direito e da Política.

4. Tempo, Direito e Constituição[1]

LEONEL SEVERO ROCHA

O mago recordou bruscamente as palavras do deus.
Recordou que, de todas as criaturas que compõe o globo,
O fogo era a única que sabia que seu filho era um fantasma [...]

Ficções por Jorge Luis Borges

4.1. Introdução

Para Vladimir Nabokov, em seu hoje clássico livro *Lolita*, "a paixão que eu desenvolvera por essa ninfeta – a primeira ninfeta da minha vida que podia ser alcançada a final por minhas garras inábeis, doloridas e medrosas – ter-me-ia certamente devolvido a algum sanatório caso o diabo não percebesse finalmente que precisava conceder-me algum alívio se quisesse conservar-me como joguete por mais algum tempo".[2] Deste modo Humbert, um cínico intelectual de meia-idade se apaixonou por uma ninfeta. O Tempo aparece aí da maneira mais cruel mostrando a impossibilidade de uma paixão entre o nascimento de uma experiência e uma tentativa de sentido vital. Afinal o que é o Tempo?

O Tempo é a sucessão contínua de instantes nos quais se desenvolvem eventos e variações das coisas. Para a Teoria dos Sistemas, é a observação da realidade a partir da diferença entre passado e futuro. A Constituição é a forma estruturada nas sociedades diferenciadas e

---

[1] Essa temática já foi desenvolvida por nós em outros textos já publicados, porém retornamos à relação entre Tempo e Direito, com intuito de contribuir com a divulgação de nossa pesquisa sobre a Matriz Pragmático-Sistêmica.

[2] NABOKOV, Vladimir. *Lolita*. Rio de Janeiro: Objetiva, 2011, p. 55.

pode ser considerada a característica principal da modernidade para a operacionalização/observação das relações entre o Direito e a Política. Assim sendo, pretende-se neste ensaio apontar alguns lugares diferentes de observação da evolução do Direito a partir de sua inserção na ideia de *Tempo Social*.

Para tanto, insta salientar que a definição do Tempo está ligada à forma da sociedade em que vivemos (Claude Lefort,[3] Cornelius Castoriadis).[4] Nesta perspectiva, o Tempo é contextual (espacial). A concepção de Tempo dominante na dogmática jurídica é originária da física de Newton e da filosofia de Kant, e, portanto, das estruturas tradicionais de regulação social. Pode-se dizer, assim, que o Tempo determina o tipo de estruturação temporal do Direito, e que o Direito, por sua vez, se autorreproduz nesta lógica e contribui com a manutenção dessa temporalidade instituída. O Tempo é, portanto, social e a Constituição é uma das conquistas evolutivas desta organização temporal.

No entanto, no início do século XXI, surgiu uma nova forma de sociedade, que se pode chamar, conforme os autores, de globalizada, pós-moderna, modernidade-reflexiva, modernidade líquida, que tem como uma das características fundantes a dissolução desta noção de Tempo/Espaço tradicional. Portanto, uma das possibilidades de se pensar, de se entrar, nessa nova forma de sociedade poderia ser tentada a partir da ideia de Tempo: qual o significado que o Tempo adquire dentro dessa nova forma de sociedade? E onde é que o Direito contribui para a construção do Tempo? Qual é a diferença entre o Tempo do normativismo e o Tempo do Direito na globalização? Para tanto, analisar-se-á, em um primeiro momento, o *Tempo na Teoria*, de Hans Kelsen, relacionando-o ao paradigma da linguagem de Ferdinand de Saussure. Em seguida, serão indicadas algumas das importantes contribuições de François Ost sobre o *Tempo do Direito*. Para ao final, examinar o *Tempo na Teoria da Autopoiese*, de Luhmann e Teubner.

4.2. Tempo: de Saussure ao normativismo

Daniel Kahneman acredita que se pode pensar o tempo a partir de duas formas, Rápido e Devagar, centrando o problema do conforto

---

[3] Cf. LEFORT, Claude. *L'invention démocratique*. Paris: Fayard, 1981.

[4] Cf. CASTORIADIS, Cornelius. *L'institution imaginaire de la société*. Paris: Seuil, 1975.

cognitivo. Porém, nós preferimos, antes de avançar em uma perspectiva tão inquietante como essa a respeito de como a mente decide, revelar como a dogmática jurídica atua.[5] A teoria a respeito da dimensão temporal dominante no Direito é o normativismo, que impõe na dogmática jurídica a concepção de Tempo de Kant/Newton. Hans Kelsen (*Teoria Pura do Direito*, 1960), um neokantiano, vai usar essa noção de Tempo e Espaço, por meio da noção de âmbito de validade. Esta perspectiva kelseniana aproxima-se epistemologicamente daquela do chamado estruturalismo. Ferdinand de Saussure demonstra que toda produção de sentido, do significado, é uma relação de valor. E o valor é temporal.

Para tanto, Saussure elabora uma teoria semiológica dos signos a partir da oposição língua/fala. Essa dicotomia língua/fala é que produz o sentido: a língua seria o sistema; a fala seria a seleção atual. Essa relação língua/fala é uma relação temporal, porque só podemos entendê-la a partir de outra. Isto é, a relação entre diacronia/sincronia, que é uma relação com o presente e a história, quer dizer que a produção de sentido é uma produção temporal. Não existe comunicação sem tempo, ou seja, Saussure amplia as possibilidades de sentido neokantianas. Como exemplo, num dos momentos mais brilhantes do *Curso de Linguística Geral*,[6] do ponto de vista estrutural e neokantiano, concentra-se em como produzir a comunicação num certo momento e num certo tempo, por meio das relações sintagmáticas e associativas da comunicação.

As relações sintagmáticas mostram que os sons, os fonemas, para terem sentido, precisam de um tempo de articulação, de estruturação, para se formarem. Por exemplo: no Tempo sintagmático, quando se tem quinze minutos para falar, somente se pode falar, emitir, os sons que se pode de fato transmitir durante quinze minutos sintagmaticamente. Porém, ao mesmo tempo, pode-se, em cada sintagma, em cada signo, em cada palavra, transmitir-se relações associativas. Desta forma, pode-se dizer linearmente, sintagmaticamente, algumas coisas, mas associativamente, sempre se diz muito mais. Ou seja, a relação sintagmática/associativa, do ponto de vista temporal, diz associativamente muito mais que o sentido literal. E é por isso que sempre um texto diz muito mais do que se pretende e menos do que se pensa. Deste modo, percebe-se que há um tesouro, uma riqueza quase infinita na língua, e um limite espacial na fala, que somente é ultrapassado

---

[5] KAHNEMAN, Daniel. *Rápido e Devagar:* duas formas de pensar. Rio de Janeiro: Objetiva, 2012.
[6] SAUSSURE, Ferdinand de. *Cours de linguistique générale.* Paris: Payot & Rivages, 2000.

levando-se em consideração as oposições da semiologia e da linguística. Essas oposições, como aquela existente entre diacronia/sincronia, são muito semelhantes, respeitadas algumas especificidades e as ideias de estática e dinâmica no normativismo jurídico kelseniano.

Kelsen afirma que a normatividade é a característica fundamental do Direito. Um fenômeno somente será jurídico se for suscetível de atribuição de sentido normativo. A normatividade é a resultante do cruzamento de duas dimensões temporais: 1) *o presente* (estática jurídica) que permite a partir do conceito axiomático de *sanção* estabelecer os critérios para a construção de todos os demais conceitos, além de dotar a normatividade de força obrigatória (Estado); e 2) a *história* (dinâmica jurídica) que estabelece o critério para produção normativa a partir da *validade*. Graças à validade, a manifestação do poder estatal se disciplina pela sua inserção em uma hierarquia que determina que existem normas superiores e inferiores, que teriam como fundamento último a Constituição (Bobbio). Desta maneira, Kelsen define a normatividade como a capacidade do Direito constituir o Tempo. Trata-se, assim, de uma concepção de presente e de uma concepção de história que estariam, ao mesmo tempo, conjugadas na produção de sentido do Direito. A Constituição, a nosso ver, ocuparia um papel de destaque para a existência do sistema normativo transmitindo a todos os seus elementos a força obrigatória e a validade. A Constituição, assim, legitima e permite a atuação do Estado de Direito.

Na atualidade, porém, o grande problema é que essa noção de tempo e espaço kelseniana-saussureana não pode mais ser aceita sem restrições. Isso porque se está diante da globalização, em outra forma de sociedade. A concepção de tempo e espaço de Newton, que se mantinha filosoficamente com Kant, é uma categoria que permitiria duração, permitiria antecipação: tempo para pensar, tempo para refletir, tempo de continuidade. O fato é que depois de Albert Einstein a *Teoria da Relatividade* vai destruir a noção de tempo linear, abrindo lugar para as teorias da indeterminação e da imprevisibilidade. Isto é, não é mais possível contentar-se com a observação do Tempo como lugar do *antes* e do *depois*, o *passado* e o *futuro*. Assim deixa de ter sentido toda epistemologia montada numa racionalidade ligada à ideia de tempo e espaço newtoniano. Por tudo isso, faz-se encontrar *o ponto de mutação* – como alguns chamam –, pensar um novo tempo, um tempo da relatividade. Neste novo Tempo tudo é instantâneo e não existiria mais a concepção de uma separação rígida entre passado, presente e futuro. O Tempo é imediato, o que impede que a Teoria do Direito possa se desenvolver dentro dos padrões normativistas kelsenianos.

4.3. O tempo de François Ost

Uma das melhores observações do Direito do ponto de vista temporal é a de François Ost, para quem o tempo e o Direito estão relacionados com a sociedade, pois não existe tempo fora da história. Cornelius Castoriadis, em sua obra *L'Institution Imaginaire de la Sociètè*, defende exatamente essa tese ao afirmar claramente que não existe tempo, Direito e sociedade isolados. Ou seja, o Direito é uma instituição imaginária na qual o tempo constrói e é construído, institui e é instituído. Do ponto de vista dogmático, o Direito é um mecanismo de controle do passado, de garantia do passado; de um ponto de vista crítico, ele pode ser uma promessa ou algo que aponta para o futuro. A teoria constitucional contemporânea se estrutura a partir dessa premissa. A constituição nesta linha de ideias é uma importante construção histórico-social dotada da função de institucionalizar as relações de poder por meio do Direito.

A fim de explicitar essa concepção, recorre-se a algumas ideias de François Ost, na obra *Le Temps du Droit* (1999). Para Ost, claramente inspirado em Castoriadis, o Tempo do Direito possuiria três características: a primeira, "o Tempo é uma instituição social, é uma construção social". Isso quer dizer que não existe o Tempo em si, o Tempo da fatalidade, ou os "bons Tempos".[7] O Tempo é construído pela sociedade. A segunda, que "o Direito tem como função principal contribuir com a institucionalização do social",[8] ou seja, a função de controle do Tempo do Direito é uma função instituinte. O Direito tem que fazer com que aqueles instantes, aquelas possibilidades de construção e de decisão realizadas pela sociedade tenham duração, sejam assimiladas, institucionalizadas. Isto é, o Direito tem que fazer com que a sociedade exista, haja vista que é ele quem constrói a sociedade. Nesse sentido, o Direito é um dos construtores da sociedade, de instituições, ou seja, de decisões, de valores, de experiências, de desejos, de atos, de situações que se deseja a perpetuação, manutenção, institucionalização. Assim, o Direito tem, na realidade, a função de institucionalizar a sociedade. A terceira característica seria a de que "é preciso uma dialética entre o Tempo como instituição social e o Direito como institucionalização social".[9]

---

[7] Cf. OST, François. *Le Temps du Droit*. Paris: Odile Jacob, 1999.

[8] Cf. Ibid.

[9] Cf. DUARTE, Francisco Carlos; ROCHA, Leonel Severo; CADEMARTORI, Luiz Henrique. A constitucionalização do tempo. *Direitos Fundamentais e Justiça*, n. 12, jul-set 2010, Porto Alegre: HS Editora, 2010. p. 144.

François Ost, aprofundando a questão, divide as características do Tempo do Direito em quatro momentos: a *memória*, o *perdão*, a *promessa* e o *(re)questionamento*. Deste modo, pode-se estipular os seguintes passos conceituais: 1) a *memória*: o Direito é a memória da sociedade. Os cartórios, os arquivos, documentos, constituem aquilo que está dentro da memória do Direito. Em outras palavras, só é válida a memória jurídica, pois o Direito tem como função manter, estabilizar a memória. Nesse sentido, o Direito está ligado à ideia de tradição e constrói/mantém a memória da sociedade. Não existe Direito sem passado, sem memória, sem tradição, e vice-versa; 2) o *perdão:* o Direito necessita do perdão, o que não quer dizer simplesmente esquecer, mas implica selecionar o que se vai esquecer. Ou seja, só pode existir Direito em uma sociedade a partir do momento em que se inscreve o perdão. Até, *a contrario sensu,* o Direito só surge ou é possível, quando alguém que tem Direito a alguma coisa, historicamente, – como exemplo a Lei de Talião, o Direito de vingança: olho por olho, dente por dente – aceita que esse Direito seja exercido por um terceiro. Mas o Tempo do perdão é uma seleção de esquecimento, uma vez que perdoar não é esquecer absolutamente tudo. Assim, é importante exaltar o perdão relacionado com a memória, no sentido de esquecimento, uma vez que a memória não é a capacidade de lembrar tudo, mas de selecionar a informação. Uma pessoa que hipoteticamente se lembrasse de tudo não teria Tempo, estaria fora do Tempo e do Espaço. Deve-se esquecer algumas coisas para se poder refletir e entrar no Tempo. Logo, ter memória implica saber lembrar ou selecionar o que lembrar, e saber esquecer *o que interessa* no momento presente: *sendo o perdão uma seleção do que deve ser esquecido.* No caso do Direito, o mecanismo utilizado é o Poder Judiciário que se constitui numa maneira moderna de encaminhar a questão da memória/ esquecimento; 3) a *promessa*: a promessa é uma tentativa de ligar o Direito e a sociedade com o futuro. Trata-se da tentativa de construção do futuro. *O que seria, em nosso caso, o constitucionalismo?* É um conjunto de promessas, é a tentativa de construir uma nova sociedade no futuro. A promessa é extremamente importante na medida em que ela deve romper com a tradição, mas esse rompimento deve se realizar de uma maneira sofisticada, por meio de uma tradução. Para tanto, necessita-se do quarto aspecto da dimensão temporal do Direito, 4) o *questionamento*: o questionamento não significa o rompimento com as promessas porque se assim fosse seria negado o *novo* (futuro), mas o questionamento também não pode ser um rompimento completo com a memória, pois sem ela, sem passado, não se escreve história, o que deixaria um espaço vazio. O questionamento, portanto, deve possuir a capacidade de ligar o Tempo e o Direito com a memória, com o perdão e com a promessa. Como sabemos, Ost, em seu livro sobre Shakespeare, analisa no capítulo II o texto Medida por medida, no qual pergunta até que ponto as leis penais são feitas para serem aplicadas?[10]

Dessa maneira, entende-se que se trata, na dimensão temporal de Ost, principalmente, do questionamento das formas dominantes de produção do Direito, da produção de novos institutos, de novas vivências, de novos valores, os quais, depois se tornarão memória, serão passado. Isso exige a capacidade de *des-institucionalizar* aquilo que foi instituído, ou seja, o Direito tem que ter no questionamento, hodiernamente na globalização, a capacidade de se institucionalizar rapidamente, uma vez que não dispõe mais da comodidade da longa duração para a criação de seus institutos. Em outras palavras, é preciso, uma vez que o sentido seja institucionalizado, admitir a sua *des-institucionalização* para uma *re-institucionalização*. O Direito tem que ter a capacidade de construir, reconstruir e desconstruir o Tempo e a si próprio.

O Direito contemporâneo, para continuar sua existência e influenciar de forma decisiva no Tempo social, necessita manter a congruência dessas quatro propostas inserindo-as numa velocidade maior, de acordo com a exigência da produção do sentido nas sociedades complexas. Salienta-se que a função básica do Direito é a de criar institutos, institucionalizar determinados valores, mas com a consciência de que em instantes esses valores (para alguns autores franceses como Lipoveski, nós vivemos no império do efêmero) podem mudar. A Constituição tem que ser pensada e vivenciada como um lugar privilegiado para que o Tempo do Direito continue sendo uma instituição dominante na sociedade.

4.4. Matriz pragmático-sistêmica

A forma de sociedade globalizada implica a reconstrução necessária do que é o Direito (e da Constituição), que exige, entre outras dimensões, uma observação diferenciada do Tempo. No entanto, existem muitos caminhos na epistemologia. A contribuição de Ost pode ser complementada, igualmente, a partir da matriz sistêmica (pragmático-sistêmica) ligada à teoria dos sistemas sociais. A matriz sistê-

---

[10] OST, François. *Shakespeare:* La Comédie de la Loi. Paris: Michalon Éditions, 2012, p. 125.

mica aplicada ao Direito tem como autor principal Niklas Luhmann, (*Soziale Systeme*, 1984), ao lado dos trabalhos de autores como Gunther Teubner (*Recht Als Autopoietisches System*, 1989). O fator preponderante da matriz sistêmica é o fato de que ela permite observações de segunda ordem, que apontam para uma série de questões completamente diferentes das perspectivas tradicionais ligadas à noção clássica do Tempo na Física. A matriz sistêmica aceita a ideia de um Tempo construído dentro da Complexidade e do Caos. A teoria dos sistemas é uma teoria originariamente ligada (Talcott Parsons, *The Social System*, 1951) aos processos de tomada de decisões, e estes estão vinculados à noção de Tempo. Decidir é fazer, é participar do processo de produção do futuro e, por isso, decidir é produzir Tempo. Decidir na teoria dos sistemas também é produzir uma diferença. A decisão é, portanto, fundamental para o entendimento de qualquer relacionamento mais direto com o problema do Tempo e, nessa linha de raciocínio, a Constituição pode ser um critério jurídico fundamental para o controle do Tempo.

A teoria dos sistemas sociais de Luhmann é altamente complexa exatamente porque pretende observar uma sociedade igualmente hiper-complexa. Para Luhmann, o sentido possui três dimensões: Material, Social e Temporal. Assim, em sua primeira fase, existe no Direito uma tensão temporal: 1) em relação ao passado, a função de "estabilização de expectativa" e, em relação ao futuro, a função de "guia de comportamento". Porém, em sua segunda fase, a teoria luhmaniana parte da diferença fundamental entre Sistema e Ambiente. Essa diferenciação exige, para sua compreensão, o conhecimento de, no mínimo, outras quatro grandes teorias: a teoria dos meios de comunicação, pois sem o domínio do conceito de comunicação não se pode entender a noção de sistema social; a teoria da evolução, desde uma perspectiva crítica da mudança social; a teoria da diferenciação, verdadeiro motor da sociedade; e a teoria da autodescrição, caracterizada por uma perspectiva chamada de autopoiética (Gunther Teubner, 1989). Nesta linha de ideias, percebe-se que a matriz sistêmica indica, para a observação da sociedade e do Direito, problemas e saídas que até então não eram possíveis de serem pensados dentro do Direito dogmático e, assim sendo, o Tempo passa a ser uma redução/construção de complexidade.

Para Jean Clam, a *autopoiese* nada mais é do que uma *sucessão contínua de "impulsos" de uma operação a outras,* nas quais se reúnem, de momento a momento, as construções da realidade que conservam e fazem perdurar o sistema. Assim, este oscila ao longo das operações e gera um tempo. A *temporalização,* como desdobramento da simultaneidade de um grande número e de um emaranhamento extremo de interdependências sobre a sequencialidade, constitui-se numa estratégia de redução da complexidade das comunicações e das decisões do sistema, como um fundamento último que lhes dá consistência. A Constituição, neste sentido, tem como desiderato permitir a efetividade da autorreprodução destas operações.

Desse modo, para Clam, o que encerra os sistemas lhes dá sua unidade, identidade e coerência não são os princípios ou as últimas razões, mas unicamente a obra temporal estruturada numa continuidade. O Direito, por meio da Constituição, visa a estabelecer uma *"condensação" estruturante* (Spencer Brown), que é a autolimitação e a autopoiese. A estabilidade dos sistemas em suas estruturas e na constância de suas invariantes é um "efeito do tempo" (Luhmann). A autopoiese é, assim, essencialmente uma obra do tempo como forma de efetuação recursiva do sistema nas suas operações. O *tempo condensado*, por assim dizer, condensa acontecimentos, *operações* e processos em *estruturas* e em expectativas que guiam à efetuação concreta e operativa da função sistêmica. Para Luhmann, "no lugar das últimas unidades (princípios, razões) aparece o tratamento (*processamento)* de diferenças, e a apriorística da razão deve ser substituída pela questão se e quais estados-próprios do sistema nascem quando este opera recursivamente ao nível de uma observação de observações".[11]

Os sistemas autopoiéticos (Jean Clam) são conjuntos processuais que vivem numa *"continuidade de confirmações generalizantes e* não podem ser de outra forma, uma vez que não dispõem de *um início absoluto,* no qual teriam "escolhido" as distinções fundamentais e decidido desenvolvê-las por elas mesmas. Trata-se, por consequência, de substituir o conceito de substância pelo da autorreferência e a hipóstase da razão pela suposição de um exame problemático entre "redundância" e fundamento" (Clam, 2004).

4.5. O Direito como Sistema Autopoiético: imprevisibilidade, circularidade e paradoxos

O Direito mantém uma interdependência com a sociedade que é devida ao seu poder de autoprodução, que é autônomo em relação

---
[11] Cf. DUARTE, Francisco Carlos; ROCHA, Leonel Severo; CADEMARTORI, Luiz Henrique. A constitucionalização do tempo. *Direitos Fundamentais e Justiça*, n. 12, jul-set 2010, Porto Alegre: HS Editora, 2010. p. 147.

a ela. A interação de todos os componentes do sistema jurídico – processos, identidade, estrutura, atos jurídicos, normas jurídicas –, para Teubner,[12] apresenta uma articulação hipercíclica, possibilitando o seu fechamento operativo exatamente por causa de sua automanutenção (autorreferência, auto-organização, autoprodução). A expressão autopoiese, refere-se àqueles sistemas que autoproduzem todos seus componentes elementares. Estes elementos e estruturas sistêmicas surgem por meio de uma cadeia de interações recursivas (desses mesmos elementos) e, assim, distinguem-se do meio envolvente – seja com a forma de vida, consciência ou (no caso dos sistemas sociais) comunicação. Autopoiese, sobretudo, é o modo (autônomo) de reprodução desses sistemas.[13]

Destarte, internamente a estes sistemas existem outros parciais, os quais, vislumbrados por um observador/operador do Direito, apresentam interações recursivas e circulares que possibilitam sua autoprodução e manutenção de maneira autônoma. O sistema jurídico, dessa forma, atua de maneira normativamente enclausurada, cujas referências das articulações internas ao sistema serão sempre determinadas por aquelas proferidas pelo próprio sistema anteriormente, em uma das principais características de um sistema autopoiético: a autorreferência. Desta característica, decorrem (auto) observações profícuas do Sistema do Direito.

A autopoiese não deve ser confundida com autorreferência, pois este seria um conceito mais geral e mais abrangente, posto que se refere a todas as formas possíveis de circularidade e recursividade em que uma unidade operacional interage consigo mesma. A autopoiese, a seu turno, é a (a) autoprodução de todos os componentes do sistema; (b) a automanutenção dos ciclos de autoprodução (através de uma articulação hipercíclica) e (c) a autodescrição como regulação da autoprodução.[14] A partir dessa ruptura epistemológica proposta pela matriz pragmático-sistêmica, vislumbra-se uma epistemologia circular, e não mais linear como tradicionalmente enfocada. Entretanto, para que seja possível o perfeito entendimento deste novo enfoque com que é vislumbrada a teoria e prática do Direito, necessita-se uma

---

[12] Cf. TEUBNER, Gunther. *O Direito como Sistema Autopoiético*. Trad. José Engracia Antunes. Lisboa: Fundação Calouste Gulbenkian, 1989.

[13] LUHMANN, Niklas. *Ecological Communication*. Cambridge: Chicago University Press, 1989. p. 143.

[14] TEUBNER, Gunther. *O Direito como Sistema Autopoiético*. Trad. José Engracia Antunes. Lisboa: Fundação Calouste Gulbenkian, 1989, p. 34-52.

abordagem das características decorrentes da autorreferencialidade do sistema jurídico.

Conforme Gunther Teubner, a autorreferência é a "característica visceral" do Direito Pós-Moderno e sua abordagem faz-se essencial para um entendimento do Direito como um sistema autopoiético.[15] Referência é a designação proveniente de uma distinção, e a peculiaridade do prefixo *auto* reside no fato de que a operação de referência resulta naquilo que designa a si mesmo. Para Luhmann, a expressão autorreferência (*Self-reference*): "Designa toda operação que se refere a algo fora de si mesmo e que, por meio disto, volta a si. A pura autorreferência não toma o desvio do que lhe é externo e equivaleria a uma tautologia. Operações reais ou sistemas reais dependem de um 'desdobramento' ou destautologização desta tautologia, pois somente então, estas poderão compreender que são somente possíveis em um ambiente real de uma maneira limitada, não arbitrária".[16]

Com isso, essa nova característica do Direito sugere quatro interpretações apontadas por Teubner.[17] Primeiramente, a autorreferência aponta uma *indeterminação* por parte do Direito, como algo insuscetível de qualquer controle ou determinação externa, não sendo determinada por autoridades terrestres ou dos textos, pelo Direito Natural ou revelação divina. São as decisões anteriores que estabelecem a validade do Direito, e este determina a si próprio por sua autorreferência, baseando-se em sua própria positividade. O Direito retira sua validade desta autorreferência pura, segundo a qual o Direito é o que o Direito diz ser Direito, isto é, qualquer operação jurídica reenvia ao resultado de operações jurídicas anteriores. A validade não pode ser importada do ambiente do sistema jurídico porque "O Direito é válido, então, em razão de decisões que estabelecem sua validade"[18] e, assim, a única racionalidade possível é a que consiste numa configu-

---

[15] Cf. TEUBNER, Gunther. *O Direito como Sistema Autopoiético*. Trad. José Engracia Antunes. Lisboa: Fundação Calouste Gulbenkian, 1989.

[16] Luhmann conceitua Self-reference como a expressão que *"Designates every operation that refers to something beyond itself and through this back to itself. Pure self-reference that does not take this detour through what is external to it self would amount to a tautology. Real operations or systems depend on an 'unfolding' or de-tautologization of this tautology because only then can they grasp that they are possible in a real environment only in a restricted, non-arbitrary way"*. (LUHMANN, Niklas. *Ecological Communication*. Cambridge: Chicago University Press, 1989. p. 143.).

[17] Cf. TEUBNER, Gunther. *O Direito como Sistema Autopoiético*. Trad. José Engracia Antunes. Lisboa: Fundação Calouste Gulbenkian, 1989.

[18] LUHMANN, Niklas. O Enfoque Sociológico da Teoria e Prática do Direito. *Seqüência*, nº 28, Junho, 1994. p. 6.

ração interna de redução de complexidade do meio, incompatibilizando-se com as noções de *input* e *output*.

A segunda interpretação salienta a relação entre autorreferência e *imprevisibilidade* do Direito. Segundo essa interpretação, o dogma da segurança jurídica (previsibilidade da aplicação do Direito aos casos concretos) seria incompatível com a autorreferência. Conforme se abordou acima, a própria ideia de contingência afasta o dogma da segurança jurídica e pode-se vislumbrar a indeterminação diretamente vinculada à autonomia do Sistema do Direito. Este, por sua vez, apresenta uma contínua mutação estrutural, no sentido de satisfação de sua funcionalidade específica. *Existe a certeza de que haverá Direito, porém incerteza quanto ao seu conteúdo.*[19]

A terceira interpretação proposta por Teubner salienta a *circularidade* essencial do Direito. Essa perspectiva parte da constatação de que ao atingir os níveis hierarquicamente superiores há a impossibilidade de seguir, sendo remetido diretamente ao nível hierárquico inferior, num estranho círculo, onde geralmente, uma norma processual tenderá a decidir o conflito posto ao sistema jurídico.

O Sistema do Direito é um sistema social parcial que, a fim de reduzir a complexidade apresentada por seu ambiente, aplica uma distinção específica (codificação binária: Direito/Não Direito) através da formação de uma comunicação peculiar (comunicação jurídica). Com isso, a operacionalidade deste sistema parcial tem por condição de possibilidade a formação de uma estrutura seletiva que, reflexivamente, pretende apreender situações do mundo real[20] (meio envolvente) para o sistema parcial funcionalmente diferenciado que é o Direito. O Direito apresenta-se, assim, como um código comunicativo (a unidade da diferença entre Direito e Não Direito), no sentido de manter sua estabilidade e autonomia – mesmo diante de uma imensa complexidade (excesso de possibilidades comunicativas) – através da aplicação de um código binário.

Isso ocorre pois a partir do circuito comunicativo geral (sistema social) novos e específicos circuitos comunicativos vão sendo gerados e desenvolvidos até o ponto de atingirem uma complexidade e eficiência tal, na sua própria organização autorreprodutiva (através

---

[19] NICOLA, Daniela R. Mendes. Estrutura e Função do Direito na Teoria da Sociedade de Luhmann. In: ROCHA, L. S. (Org.). *Paradoxos da Auto-Observação*. Curitiba: JM Editora, 1997. p. 238.

[20] Assim, pode-se ter o Direito como a construção de uma "para-realidade, uma *Wirklichkeit*, de complexidade reduzida, em cima de uma realidade propriamente dita". GUERRA FILHO, Willis Santiago. O Direito como Sistema Autopoético. *Revista Brasileira de Filosofia*. São Paulo, nº 163, 1991, p. 190.

da aplicação seletiva de um código binário específico), que autonomizam-se do sistema social geral, formando subsistemas sociais autopoiéticos de segundo grau/sistemas parciais,[21] isto é, sistemas parciais de comunicação específica. Cada sistema parcial passa a constituir o Sistema Social Geral mediante uma perspectiva própria e com isso tem-se um acréscimo no potencial do sistema social para poder enfrentar e reduzir a complexidade que, paradoxalmente, devido a esta especialização funcional, é aumentada.

O problema surge, quando, irresistivelmente, tende-se a aplicar a distinção Direito/Não Direito (a qual possibilita a clausura operacional) à própria distinção, o que repercutiria em conclusões do tipo: "não é Direito dizer o que é Direito/Não Direito". Isto causaria um bloqueio no processo de tomada de decisões. Estes bloqueios denominam-se *"paradoxos da autorreferência"*. A partir destes, apresenta-se a quarta interpretação da autorreferencialidade do Direito, cuja perspectiva reflexiva constata que a realidade da prática do Direito é uma realidade circularmente estruturada. Esta interação autorreferencial dos elementos internos (que se dão mediante articulações circulares) acarreta tautologias que bloqueiam a operação interna. Luhmann explica esse problema da seguinte forma: "Através da aceitação de um código binário (jurídico/antijurídico), o sistema obriga a si próprio a essa bifurcação e somente reconhece as operações como pertencentes ao sistema, se elas obedecem a esta lei. [...] Se os sistemas se baseiam em uma diferença codificada (verdadeiro/falso, jurídico/antijurídico, ter/não ter), toda a autorreferência teria lugar dentro destes códigos. Opera dentro deles como relação de negação, que excepciona terceiras possibilidades e contradições; precisamente este procedimento que estabelece o código não pode ser aplicado à unidade do próprio código".[22] E, conclui de forma desparadoxizante: "A não ser: por um observador".[23] Esses paradoxos são inerentes à realidade do Direito e não podem ser suplantados por uma simples postura crítica (a qual apenas demonstra a existência de paradoxos dentro do sistema do Direito) ou por uma tentativa de suplantá-los mediante uma nova distinção, mas sim pela constatação de que os elementos que compõe o sistema do Direito – ações, normas, processos, realidade jurídica, estrutura, identificação – constituem-se circularmente, além de vincularem-se uns aos outros também de forma circular.

---

[21] Cf. ROCHA, Leonel Severo. (Org.). *Paradoxos da Auto-Observação*. Curitiba: JM Editora, 1997.

[22] LUHMANN, Niklas. O Enfoque Sociológico da Teoria e Prática do Direito. *Seqüência*, n. 28, junho, 1994, p. 18-19.

[23] Ibid., p. 3-4.

Destarte, o sistema jurídico, como um sistema autopoiético, apresenta-se ante uma interação autorreferente, recursiva e circular de seus elementos internos (clausura operativa), os quais, por isso, não apenas, se auto-organizam, mas, também, se autoproduzem, isto é, produzem os elementos necessários para a sua reprodução. Assim, suas condições originárias, tornam-se independentes do meio envolvente e possibilitam sua própria evolução. Depois, além do sistema efetuar uma autoprodução de seus elementos e estruturas, o próprio ciclo de autoprodução deve ser capaz de se (re)alimentar. "Esta função de automanutenção é obtida através da conexão do primeiro ciclo de autoprodução com um segundo ciclo, que possibilite a produção cíclica garantindo as condições de sua própria produção (é o chamado hiperciclo)".[24]

4.6. Gestão temporal dos paradoxos da autorreferência

Pode-se dizer, a partir da perspectiva apontada por Teubner,[25] que o Direito, com suas relações recursivas e circulares, reage autorreferencialmente (através de sua codificação específica) às "influências" externas (ruídos sociais), visando a reduzir a complexidade proveniente da sociedade. Assim, o Direito permite um controle do Tempo das decisões. Dessa forma, o Direito encontra-se operativamente fechado, isto é, ele atua mediante uma clausura normativa que, paradoxalmente, é a condição de possibilidade de sua abertura às irritações provenientes do ambiente (sociedade), que serão assimiladas pelo sistema cognitivamente. Isso mantém a dinâmica do Direito, permanecendo o sistema autônomo e funcionalmente diferenciado. É, com isso, a própria positividade que permite a possibilidade de transformação estrutural do Direito, guiado por sua funcionalidade redutora de complexidade através da generalização congruente de expectativas comportamentais normativas.

Qualquer observação do Sistema em suas interações circulares e autorreferenciais, jamais poderá ser feita externamente, pois um observador não está observando outros sistemas, mas sim está a auto--observar o próprio sistema no qual está inserido. Essa conclusão é

---

[24] Cf. TEUBNER, Gunther. *O Direito como Sistema Autopoiético*. Trad. José Engracia Antunes. Lisboa: Fundação Calouste Gulbenkian, 1989, p. 48-49.

[25] TEUBNER, Gunther. *El derecho como sistema autopoiético de la sociedad global*. Bogotá: Universidad Externado de Colombia, 2005.

proveniente do fato de que a teoria autopoiética reformula a relação sistema/ambiente, visto que o processo de observação não ocorre de forma exógena e estática como se pressupunha. A ideia de autorreferência reforça a importância a ser conferida à distinção entre "identidade" – atingida através da aplicação de um código binário – e "não identidade" sistêmica. Esta distinção só pode ser realizada/aplicada por um observador (operador jurídico), concluindo-se pela total impossibilidade de ser a unidade e a diferenciação sistêmica apreendidas por um observador externo, sendo sempre um produto interno ao sistema. Tal premissa rompe com a separação metafísica de sujeito-objeto que tem, por muito tempo, dominado os debates epistemológicos.

É nesse sentido, então, que a autorreferência, pensada de forma pura, conduz a tautologias e, por isso, necessita de uma assimetrização (auto-observação), no sentido de desparadoxizar os paradoxos que constituem a realidade circular do Tempo do Direito. Isto se realiza através de um fechamento operativo, no qual o Direito atua autorreferencialmente com seus elementos internos em relações reciprocamente recursivas e circulares. Entretanto, com o escopo de orientar a aplicação da codificação binária (Direito/Não Direito), o sistema se abre para a influência do sistema social ou de outros sistemas parciais (Economia, Política, Religião, Moral, Ciência). Esta abertura somente é possibilitada devido à clausura operativa, pois quanto maior o fechamento de um sistema, mais estável e apto estará este a uma abertura cognitiva (sensorial). Assim, as informações provenientes do exterior apenas adquirem relevância sistêmica e serão internalizadas por este quando passíveis de adequação à codificação binária, obtendo no Tempo um sentido jurídico. Portanto, a teoria autopoiética busca obter soluções sociais para a autorreferência através da ocultação e neutralização dos paradoxos, aplicando-os de uma forma criativa. Os paradoxos deixam de ser impedimentos ao processo de tomada de decisões, passando a ser um profícuo campo de análises para reflexões sobre a aplicação do Direito.

Para que seja possível a aplicação criativa dos paradoxos da autorreferência, necessita-se em primeiro plano, da desmistificação e total abandono do Tabu da Circularidade, assumindo a realidade circular em que a práxis jurídica está localizada. Com tais instrumentos teóricos, possibilita-se a gestão desses paradoxos sem que haja bloqueio nos processos de tomada de decisão, através de uma análise do modo com que a práxis jurídica lida com os paradoxos decorrentes da autorreferência, conseguindo atingir certa estabilidade temporal para o Sistema do Direito. A Teoria do Direito e a Dogmática Jurídica estão comprometidas com a reprodução do sistema jurídico, visando a ocultar e anular os paradoxos. O valor das análises sociológicas traçadas por Luhmann é no sentido de possibilitar a visualização do paradoxo em que o próprio Direito está fundado: a irresistível vocação e tentação à aplicação da distinção (código binário – que repercute na própria "identidade/não identidade" do sistema) à própria distinção (código binário). A auto-observação de como a práxis jurídica oculta/anula/trabalha estes paradoxos, com a finalidade de permitir a tomada de decisões jurídicas em contextos altamente complexos, exige que os Tribunais se localizem no centro do Sistema Jurídico. Reforça-se, assim, o cunho pragmático desta epistemologia sistêmica que, de forma construtivista, presume e admite a realidade circular do Direito.

A abertura cognitiva ao meio envolvente, por sua vez, também é uma forma de assimetrização temporal e superação dos paradoxos da autorreferência. Nesse sentido, percebe-se a diferença entre a concepção de Tempo normativista de Kelsen e a Autopoiética. Na primeira versão neokantiana ligada à noção tradicional de Tempo, a validade do Direito somente pode ser obtida de forma hierárquica. Assim ocultam-se todos esses aspectos paradoxais de uma visão do Direito desde um Tempo cíclico, como apontado acima.

4.7. Acoplamento temporal entre o Sistema do Direito e o seu ambiente: a Constituição[26]

A Constituição seria uma forma moderna de procurar superar a imprevisibilidade do sistema do Direito. A Constituição construiria simbolicamente um acoplamento comunicacional entre os sistemas da economia e da política por meio do Direito. Luhmann afirma no capítulo sobre "Política e Direito", que a questão constitucional pode engendrar o enfrentamento do problema da democracia por meio da inclusão do cidadão.[27] A estrutura do sistema jurídico, composta por expectativas comportamentais, efetua uma seleção estrutural (dimensão temporal, dimensão social e dimensão prática) no sentido de cumprir com sua funcionalidade de, em situações de conflito, manter as expectativas comportamentais normativas. A operacionalidade do

---

[26] Colocar mais uma definição de "constituição" de Luhmann do Direito da Sociedade.
[27] *Direito da sociedade*, p. 482. 2002 iberoamericana.

sistema é efetuada de maneira normativamente fechada, isto é, não se adapta às possíveis desilusões.

A validade das legislações, por sua vez, depende das decisões que as aplicam de uma forma interpretativa (Jurisprudência) e esta interação demonstra que a Constituição é um ponto de acoplamento entre o sistema jurídico e o sistema político, estando a legislação na periferia do sistema, enquanto os Tribunais encontram-se no seu centro. Essas decisões judiciais, por sua vez, atuam normativamente/necessariamente na forma de uma distinção. Inobstante, o sistema mantém interações cognitivamente orientadas com o seu meio envolvente, isto é, de forma adaptável às possíveis frustrações. É nesse sentido que a obrigatoriedade de prestação jurisdicional é um exemplo deste paradoxo, pois ao prever tal dogma, a legislação "vincula" normativamente (o sistema atua operativamente fechado) a uma abertura, cognitivamente orientada ao meio ambiente para a tomada da decisão judicial.[28]

Destarte, pode-se (auto) observar que a possibilidade de abertura é fornecida pela amplitude de complexidade que as operações normativamente fechadas podem assimilar, isto é, a abertura ao meio envolvente depende, paradoxalmente, do próprio fechamento operacional. Quanto mais fechado for um sistema, mais suscetível a assimilar adequadamente as informações provenientes (indiretamente) do ambiente em sua abertura (no caso do Direito, esta abertura se dá em relação ao sistema social geral ou a outros sistemas parciais, caracterizados como seu ambiente). "A normatividade é o modo interno de trabalhar do Direito", reproduzindo suas próprias operações numa clausura operativa – com sua "função social de disponibilidade e modificação do Direito para a sociedade".[29] É, o sistema jurídico, exatamente nesta base, um sistema aberto ao mundo que o circunda, devendo estar disposto a reagir a qualquer espécie de proposições, desde que assumam uma forma e sentido jurídico. A Constituição, assim, adquire a característica de um componente simbólico de produção de sentido.

Com isso, demonstra-se que é a própria práxis jurídica que garante a possibilidade de (auto) observação dos paradoxos e a sua ocultação, possibilitando a operacionalidade do sistema. O acoplamento entre sistemas parciais é uma das principais formas de desparado-

---

[28] LUHMANN, Niklas. A Posição dos Tribunais no Sistema Jurídico. *Revista AJURIS*, Porto Alegre, n° 49, ano XVII, Julho, 1990. p. 149-168.

[29] LUHMANN, Niklas. O Enfoque Sociológico da Teoria e Prática do Direito. *Revista Seqüência*, n. 28, Florianópolis, p.16-29, 1994, p. 5.

xização das tautologias criadas pela autorreferência pura. Assim, o acoplamento estrutural consiste na dependência recíproca do sistema e meio envolvente, ou seja, numa interação que se realiza a partir de um observador que construirá a sua descrição segundo a aplicação da distinção sistema/ambiente. A Constituição torna-se deste modo uma forma de acoplamento para facilitar a práxis jurídica.

4.8. Considerações finais

O Tempo que é o Tempo do Direito, desde a perspectiva racional do normativismo, que recorre à hierarquia para equacionar o problema da validade das decisões, adquire uma outra feição na atualidade. Isso sugere a Ost, Luhmann e Teubner que a função principal do Direito é o controle do Tempo. Porém, desde a assimilação da noção de complexidade e circularidade da sociedade, aparecem dificuldades de se efetivar as decisões em função dos paradoxos do Tempo. Assim, talvez o amanhã não seja o Tempo do Direito.

É preciso que sejam criados mecanismos efetivos de tomada de decisões para se poder produzir futuro, pois quando o Direito não controla o Tempo os riscos de ampliação da complexidade se ampliam. Isto acarreta dificuldades para que as decisões jurídicas possam gerir, desparadoxizar, os problemas que se pretende temporalizar por meio de acoplamentos realizados pela Constituição, perdendo-se o poder sobre os processos de desinstitucionalização e reinstitucionalização da sociedade, o que impede a manutenção da concepção ideal de Direito como instituição social.

Para explicar melhor o problema, podem-se apontar exemplos de crise autopoiética de três setores importantíssimos em nossa sociedade e que foram tradicionalmente institucionalizados pelo Direito: 1) o Direito penal. uma área que se materializou e evoluiu desde a ideia de Estado liberal até chegar a uma noção de Estado de bem-estar. De um Direito penal positivo, até um Direito penal mínimo, voltado a recuperação do delinquente, tendo em vista o interesse social. No entanto, ao contrário do que poderia se antecipar, o Direito penal, hodiernamente, é caracterizado pela ideia de vingança e de segurança, ou de Direito penal do Inimigo. O Direito penal da globalização está assim completamente desinstitucionalizado de suas características tradicionais e seu problema passou a ser explicitamente a segurança da sociedade. 2) Direito de família. O que é o Direito de família? A família é uma instituição jurídica, elaborada para uma longa duração, e mesmo espaço. A família tradicional é constituída por um pai, uma mãe e os filhos, que vivem juntos. Atualmente essa noção de família está completamente alterada e esta instituição isolada não existe mais, pois existem outras possibilidades: famílias baseadas na afetividade, famílias monoparentais, famílias de outros tipos de institucionalização. Qual é o efeito desses eventos no que diz respeito à dogmática jurídica? A novidade é que na família ocorre um rompimento completo com a sua lógica temporal, pois há uma des-institucionalização da ideia tradicional de família. Não é que não existam mais as famílias tradicionais, mas ao lado delas surgem novos tipos de famílias, inclusive com a união estável de homossexuais, entre uma série de possibilidades afetivas que estão surgindo e estão desinstitucionalizando a família tradicional e institucionalizando um outro tipo de família. 3) o Direito do trabalho. Este terceiro exemplo é talvez o domínio jurídico onde seja mais difícil a realização dos processos de controle temporal por meio da reinstitucionalização. O que é o trabalho hoje? O trabalho sempre foi uma grande instituição, vinculada à relação contratual entre empregado e empregador. Ainda existe trabalho no mundo de hoje do ponto de vista globalizado da maneira tradicional, mas a tendência é uma completa desinstitucionalização do trabalho em relação à maneira como surgiu o capitalismo.

Estes três exemplos, inspirados em Ost, de diferentes manifestações do Direito: o Direito Penal, o Direito de Família e o Direito do Trabalho, que são instituições que foram constituídos historicamente pelo Tempo do Direito para terem duração, explicitam fortes casos de desinstitucionalização. Isso ocorre porque as grandes estratégias de Temporalização que o Direito construiu, a Constituição, a legislação e o contrato, e as diversas dogmáticas (penal, família, trabalho, etc.), precisam criar formas de sociedade, que forneçam duração e continuidade, não conseguindo produzir decisões efetivas numa sociedade complexa de dimensão temporal pós-kantiana.

Os processos de desinstitucionalização devem ser acompanhados por processos de reinstitucionalização, para que se autorreproduza na autopoiese do Tempo do Direito, o código inclusão/exclusão. Em outras palavras, o fechamento operacional do Direito necessita de um novo tipo de reestruturação cognitivo-temporal, pois a partir da constatação, feita por uma auto-observação, de que os componentes internos ao sistema jurídico interagem circular e recursivamente, produzindo seus próprios elementos e pressupostos de futuras produções (hiperciclo), encara-se uma situação tautológica nas sociedades complexas que bloqueia a operacionalidade do Direito. Isto ocorre, por exemplo, quando a distinção – fundada na codificação binária – é aplicada a si própria em uma autorreferência pura. O código Conforme Direito/Não conforme o Direito implica tautologicamente, que somente é Direito aquilo que a Constituição configurar como Constitucional. A Constituição passa assim a ser uma garantia da autopoiése do sistema do Direito. No entanto, os paradoxos decorrentes desta autorreferência pura somente podem ser suplantados por um observador/aplicador do Direito que, utilizando-se de técnicas jurídicas (clausura normativa) e respostas internas às irritações externas (abertura cognitivamente orientada), busque a desparadoxização destas tautologias causadas pela autorreferência do Direito, no que se denomina observação de segunda ordem.

A sociedade na segunda década do século XXI rompeu com a estrutura temporal neokantiana, inserindo o Direito em uma abertura cognitiva que ultrapassa os limites da autopoiese centrada no Direito estatal, forçando o jurista a adquirir consciência de que só será sujeito da construção do Tempo histórico se tiver a capacidade de decidir a partir de outra configuração temporal.

Com isso se procuraria afastar o dilema de Humbert a procura da realização do desejo em um objeto localizado em outra matriz temporal. Não se pode idealizar a efetividade desde o frêmito de Lolita: transformar o Tempo líquido e vaporoso em uma perspectiva onde haveria um lugar e Tempo para viver o impossível. Os juristas dogmáticos vivem em um complexo de Lolita.

Bibliografia

AARNIO, Aulis. *The Rational as Reasonable:* A Treatise on Legal Justification. Dordrecht: D. Reider Publishing Company, Holanda, 1987.

ALCHOURRÓN, C.; BULYGIN, E. *Introducción a la metodología de las Ciencias Jurídicas y Sociales*. Buenos Aires: Astrea, 1975, 277 p.

ALEXY, R. Teoría de la argumentación jurídica: la teoría del discurso racional como teoría de la fundamentación jurídica. Madrid: Centro Estudios Constitucionales, 1989, 346 p.

ATIENZA, Manuel. *As razões do Direito*. Teorias da Argumentação Jurídica. São Paulo: Landy, 2002.

BOBBIO, Norberto. *Teoria generale del diritto*. Torino: G. Giappichelli Editore, 1993, 297 p.

BECK, Ulrich. *La Société du Risque*. Paris: Aubier, 2001.

——. GIDDENS, Anthony; LASH, Scott. *Modernização Reflexiva*. Política, Tradição e Estética na Ordem Social Moderna. Tradução de Magda Lopes, São Paulo: Unesp,1997.

BENDIX, Reinhard. *Max Weber*, um perfil intelectual. Tradução de Elisabeth Hanna e José Viegas Filho. Brasília: UNB, 1986;

BENTHAM, Jeremy. *Fragmento sobre el gobierno*. Madrid: Aguilar, 1973.

BOURDIEU, Pierre. *Raisons Pratiques*. Sur La Théorie de l'Action. Paris: Seuil, 1994.

——. *Elementos Para Una Sociologia Del Campo Jurídico*. Tradução de Carlos Morales, Santafé de Bogotá: Siglo del Hombre editores, 2000.

CANOTILHO, J. J. Gomes. *Direito Constitucional e Teoria da Constituição*. 5. ed. Coimbra: Almedina, 2002.

CARNAP, Rudolf. *Meaning and Necessity*. Chicago: The University of Chicago Press, 1964, 258 p.

CASTORIADIS, Cornelius. *L'institution imaginaire de la société*. Paris: Seuil, 1975.

——. *Fait et à faire*. Paris: Seuil, 1997, 281 p.

DUARTE, Francisco Carlos; ROCHA, Leonel Severo; CADEMARTORI, Luiz Henrique. A constitucionalização do tempo. *Direitos Fundamentais e Justiça*, n. 12, jul-set 2010, Porto Alegre: HS Editora, 2010.

DWORKIN, Ronald. *Law's Empire*. London: Fontana Press, 1986, 470 p.

FERRAZ JÚNIOR, Tércio Sampaio. *Introdução ao Estudo do Direito*: técnica, decisão, dominação. São Paulo: Atlas, 1994.

——. *Estudos de Filosofia do Direito*. São Paulo, Atlas, 2002, 286 p.

GIDDENS, Anthony. *A Terceira Via*. Tradução de Maria Luiza Borges. Rio de Janeiro: Record, 1999.

GUERRA FILHO, Willis Santiago. O Direito como Sistema Autopoético. *Revista Brasileira de Filosofia*. São Paulo, nº 163, 1991.

HABERMAS, Jurgen. *Teoría de la acción Comunicativa I e II*. Tradução de Manuel Redondo. Madrid: Taurus, 1987.

——. *Direito e Democracia*. Entre Faticidade e Validade I e II. Tradução de Flavio Siebeneichler. Rio de Janeiro: Tampo Brasileiro, 1997.

HART, Herbert L.A. *O conceito de direito*. São Paulo, Martins Fontes, 2009, 399 p.

KALINOWSKI, G. *Introduction à logique juridique*. Paris, Pichon et Durand-Auzias, 1965.

KAHNEMAN, Daniel. *Rápido e Devagar*: duas formas de pensar. Rio de Janeiro: Objetiva, 2012.

KELSEN, Hans. *Teoria pura do Direito*. Coimbra: Armenio-Amado, 1976, 484 p.

LEFORT, Claude. *L'invention démocratique*. Paris: Fayard, 1981.

——. *Essais sur le politique*. Paris: Seuil, 1986, 331 p.

——. Le temps présent, Écrits 1945-2005, Paris: Belin, 2007.

LUHMANN, Niklas. *La sociedad de la sociedad*. México: Herder, 2007, 954 p.

——. *Sociologia do Direito I*. Tradução de Gustavo Bayer. Rio de Janeiro: Tempo Brasileiro, 1983.

——. *Sociologia do Direito II*. Tradução de Gustavo Bayer. Rio de janeiro: Tempo Brasileiro, 1985.

——. *Legitimação Pelo Procedimento*. Tradução de Maria da Conceição Côrte-Real. Brasília: UNB, 1980.

——. O Enfoque Sociológico da Teoria e Prática do Direito. *Revista Seqüência*, n. 28, Florianópolis, p.16-29, 1994.

——. *Sistemas Sociales*. Lineamentos Para Uma Teoría General. Tradução de Silvia Pappe. México: Alianza Editorial, 1991.

——. *Sociologia del Riesgo*. Tradução de Silvia Pappe. Guadalajara: Universidad Iberoamericana, 1991.

MacCORMICK, N.; WEINBERGER, O. *An Institutional Theory of Law: New Approaches to Legal Positivism*. Dordrecht: Kluwer Academic Publishers, 1986, 229 p.

MATURANA, Humberto R.; VARELA, Francisco. 1996. *El arbol del conocimiento: las bases biológicas del conocimiento humano*. Buenos Aires: Debate, 172 p.

NABOKOV, Vladimir. Lolita. Rio de Janeiro: Objetiva, 2011.

NONET, Philippe; SELZNICK, Philip. *Direito e sociedade: a transição ao sistema jurídico responsivo*. Rio de Janeiro: Revan, 2010, 174 p.

PARSONS, Talcott. *A estrutura da ação social*. v I e II, Petrópolis: Vozes, 2010, 999 p.

RAWLS, John. *A Theory of Justice*. Cambridge: Harvard University Press, 1980, 461 p.

RAZ, Joseph. *O sistema do Direito*. São Paulo: Martins Fontes, 2012, 326 p.

REALE, Miguel. *Teoria tridimensional do Direito*. São Paulo: Saraiva, 1968, 105 p.

ROBLES, Gregorio. *Sociologia del Derecho*. Madrid: Civitas, 1993.

——. *Epistemología y Derecho*. Madrid: Pirámide, 1982, 310 p.

ROCHA, Leonel Severo. *Epistemologia jurídica e democracia*. 2 ed., São Leopoldo, Editora Unisinos, 2003, 201 p.

——. *Epistemologia do Direito*: revisitando as três matrizes jurídicas. São Leopoldo: Unisinos. In: Rechtd v. 5, n. 2, Julho/Dezembro, 2013.

——. Da epistemologia jurídica normativista ao construtivismo sistêmico. *In*: L.S. ROCHA; G. SCHWARTZ; J. CLAM, *Introdução à Teoria do Sistema Autopoiético do Direito*. Porto Alegre: Livraria do Advogado, 2005, p. 9-48.

—— ; KING, M.; SCHWARTZ, G. *A verdade sobre a autopoiese no Direito*. Porto Alegre: Livraria do Advogado, 2009, 148 p.

——. Três Matrizes da Teoria Jurídica. *Anuário do Programa de Pós-Graduação em Direito da Unisinos*, 1999, p.1321-136.

—— (Org.). *Paradoxos da Auto-Observação*. Percursos da Teoria Jurídica Contemporânea. Curitiba: JM, 1997.

SAUSSURE, Ferdinand de. *Cours de linguistique générale*. Paris: Payot, 1985, 520 p.

SCHWARTZENBERG, Roger-Gérard. *Sociologia Política*. Tradução de Domingos Mascarenhas. Rio de janeiro: Difel, 1979.

OST, François. *Le Temps du Droit*. Paris: Odile Jacob, 1999.

——. *Shakespeare:* La Comédie de la Loi. Paris: Michalon Éditions, 2012.

TEUBNER, Gunther. *O Direito como Sistema Autopoiético*. Tradução de José Engracia Antunes. Lisboa: Fundação Calouste Gulbenkian, 1989.

——. Autoconstitucionalização de corporações transnacionais? Sobre a conexão entre os códigos de conduta corporativos. In: SCHWARTZ, Germano (Org.). *Juridicização das esferas sociais e fragmentação do Direito na Sociedade Contemporânea*. Porto Alegre: Livraria do Advogado, 2012.

——. *El derecho como sistema autopoiético de la sociedad global*. Bogotá: Universidad Externado de Colombia, 2005.

VERNENGO, R.J. *Curso de Teoría General del Derecho*. Buenos Aires: Cooperadora del Derecho, 1976, 461 p.

VON WRIGHT, G. *Norm and Action: A Logical Enquiry.* London: Routledge & Kegan Paul, 1963.
WARAT, Luis Alberto (colaboração de Leonel Severo Rocha). *O Direito e sua Linguagem.* Porto Alegre: SAFE, 1995, 120 p.

Impressão:
Evangraf
Rua Waldomiro Schapke, 77 - POA/RS
Fone: (51) 3336.2466 - (51) 3336.0422
E-mail: evangraf.adm@terra.com.br